Angela Sommer-Bodenburg

Hanna, Gottes kleinster Engel

A. Pohl

Die Geschichte eines ungewöhnlich lustigen und phantasievollen Mädchens, das in seiner Familie kaum Liebe erfährt. Nur ihr Bruder Wolfgang versteht die kleine Hanna, und er ist es auch, der in tagebuchartigen Notizen von ihr und ihren originellen Einfällen und Streichen erzählt. Aber vor den Erwachsenen kann er sie nicht schützen. Hannas Einsamkeit auf der Welt wird immer größer, und niemand erkennt die Alarmzeichen ... Ein wunderbares, gleichermaßen heiteres wie trauriges Buch, ein poetischer Roman von seltener Sensibilität. Und eine flammende Anklage gegen Lieblosigkeit und Gleichgültigkeit in unserer Gesellschaft.

Angela Sommer-Bodenburg wurde 1948 in Reinbek bei Hamburg geboren. Sie studierte Soziologie, Pädagogik und Psychologie und arbeitete zwölf Jahre als Grundschullehrerin in Hamburg. Seit 1992 lebt sie in Kalifornien/USA. Ihre Bücher sind in 27 Sprachen übersetzt worden, und mit dem *kleinen* Vampir schuf sie eine Figur, die aus der Kinderliteratur nicht mehr wegzudenken ist.

Angela Sommer-Bodenburg

Hanna, Gottes kleinster Engel

Roman

Weltbild

Genehmigte Lizenzausgabe
für Weltbild Verlag GmbH, Augsburg
Copyright © 1995 K. Thienemanns Verlag in Stuttgart – Wien
Umschlaggestaltung: Tandem Design, Hamburg
Umschlagmotiv: Tony Stone Bilderwelten, Hamburg
Gesamtherstellung: C. H. Beck'sche Buchdruckerei,
Nördlingen
Printed in Germany
ISBN 3-8289-0442-4

2004   2003   2002   2001
Die letzte Jahreszahl gibt die aktuelle Lizenzausgabe an.

Dienstag, 1. Oktober

Wir müssen einen Aufsatz über Engel schreiben. Es soll ein langer Aufsatz werden, eigentlich eher ein Buch, sagt unser Lehrer, Herr Findling. Damit wollen wir die Eltern zu Weihnachten überraschen.

Wir können über Engel im allgemeinen oder im besonderen schreiben. Die meisten in meiner Klasse werden über Engel im allgemeinen schreiben, weil das am einfachsten ist.

Von mir erwartet sich Herr Findling allerdings ein bißchen mehr. Das hat er mir unter vier Augen verraten. Ich bin nämlich der Beste im Aufsatzschreiben, und deshalb reicht es in meinem Fall nicht aus, wenn ich nur nachlese, was andere schon über Engel geschrieben haben. Herr Findling möchte, daß ich etwas ganz Besonderes, ganz Außergewöhnliches schreibe. Zuerst hatte ich überhaupt keine Idee. Aber dann, als ich mir in der Sportstunde das Knie gestoßen hatte und auf der Bank saß, fiel mir plötzlich meine Schwester Hanna ein.

Hanna ist Gottes kleinster Engel. Das sagt auch Frau Beckmann, unsere Nachbarin. Hanna spricht so viel über Gott, daß ich bestimmt genug Material für meinen Aufsatz zusammenbekomme. Und genau das ist es, was wir in den nächsten zwei Wochen tun sollen: Material sammeln.

Ich werde gleich heute nachmittag anfangen, alles über Hanna aufzuschreiben.

Hanna wartet draußen vor dem Haus, als Manfred und ich aus der Schule zurückkommen. Es ist kalt und windig, aber Hanna trägt keinen Mantel und keine Mütze. Trotzdem lacht sie und ruft: »Hallo, Palme-auf-dem-Kopf.«

»Hallo, Kobold«, antwortet Manfred.

Sie nennt ihn Palme-auf-dem-Kopf, weil er so strubbelige Haare hat. Sie denkt sich oft ulkige Namen aus.

»Und wo ist Lange Latte?« fragt sie.

»Muß nachsitzen«, sage ich. Lange Latte, das ist mein Freund Hartmut.

»Schon wieder?« Sie kichert.

»Ja. Weil er noch frecher ist als du«, sagt Manfred.

»Ich bin nicht frech«, widerspricht sie.

»Und warum mußt du dann draußen vor der Tür stehen?« fragt er.

»Weil ich die Wahrheit gesagt habe«, antwortet sie. »Vorhin kam Frau Beckmann und wollte sich Kaffee leihen. Mutti hat gesagt, sie hat selbst keinen mehr. Aber ich hab gesagt, im Schrank ist doch noch der Kaffee für den Klassenabend. Da mußte Mutti Frau Beckmann den Kaffee geben.«

»Muttis Kaffee für den Klassenabend?« frage ich

erschrocken. In drei Tagen, am Freitag, kommen Muttis ehemalige Klassenkameradinnen zu Besuch. Sie sind nur einmal im Jahr bei uns, und dann gibt es immer den besten Kaffee, die feinsten Pralinen.

»Wenn Frau Beckmann doch keinen Kaffee mehr hatte …« sagt Hanna.

»Und zur Strafe hat deine Mutter dich rausgeworfen?« fragt Manfred.

»Nein. Ich bin schnell bei Frau Beckmann mitgegangen. Und Frau Beckmann hat mir Bonbons geschenkt.«

»Und nun traust du dich nicht mehr nach Hause!«

Hanna schüttelt den Kopf. »Ich bin hier draußen, weil es mir in unserer piesepampeligen Wohnung zu langweilig geworden ist.«

»Das solltest du Mutti besser nicht hören lassen«, bemerke ich.

»Und warum nicht? Mutti hat selbst gesagt, daß ihre Wohnung immer pieksauber sein muß.«

»Du hast aber nicht pieksaubere Wohnung gesagt, sondern piesepampelig. Und das ist ein himmelweiter Unterschied.«

»Tatsächlich?«

»Ja!«

»Und was findest du hier draußen so interessant?« will Manfred wissen.

Hanna reckt sich und tippt ihm auf die Nasenspitze. »Dich zum Beispiel.«

Er wird rot.

»Und gerade eben ist ein Krankenwagen vorbeigefahren«, berichtet sie. »Mit Riesen-Sehne.«

»Sirene«, verbessere ich. »Man sagt Sirene.«

»Ich sag Riesen-Sehne, weil es furchtbar laut war«, beharrt sie. Dann fragt sie geheimnisvoll: »Und wißt ihr auch, wo er gehalten hat?«

»Nein. Wo?«

»Bei Herrn Müller – dem, der soviel trinkt. Sie haben ihn mitgenommen.«

»Im Krankenwagen?« sage ich ungläubig. Normalerweise werden die Betrunkenen mit dem Polizeiwagen abgeholt und auf der Wache eingesperrt, bis sie wieder nüchtern sind.

»Er hat bestimmt einen Gnadenschuß bekommen«, flüstert Hanna.

Manfred grinst. »Du meinst wahrscheinlich: einen Hexenschuß.«

»Hexenschuß?« wiederholt sie. »Glaubst du, daß Frau Müller eine Hexe ist?«

»Nein, wieso?«

»Wenn sie ihn erschossen hat und wenn das kein Gnadenschuß war, sondern ein Hexenschuß, dann muß sie doch eine Hexe sein.«

»Frau Müller hat ihren Mann erschossen?« ruft Manfred, plötzlich ganz aufgeregt.

»Könnte doch sein …« sagt Hanna.

»Nein, könnte es nicht!« widerspreche ich energisch. »Und du weißt genau, daß man nicht schlecht über andere Leute sprechen darf.«

»Mutti sagt aber, manchen Männern sollte man den Gnadenschuß geben«, verteidigt sie sich.

»Unsinn«, antworte ich. »Das hast du mal wieder völlig falsch verstanden.«

»Habe ich nicht«, antwortet sie.

»Hat sie doch«, sage ich zu Manfred. Auf keinen Fall will ich, daß er seiner Mutter von dem Gnadenschuß erzählt. Dann würde es bald auch unsere Mutter erfahren, und dann hätte Hanna noch mehr Schwierigkeiten.

»Wir sollten jetzt lieber reingehen«, sage ich zu ihr.

»Nein. Ich will nicht«, antwortet sie.

»Vielleicht hat Mutti die Sache mit dem Kaffee inzwischen vergessen.«

»Mutti vergißt nie etwas.«

»So schlimm wird es schon nicht werden«, meint Manfred. »Deine Mutter wird dir bestimmt nicht den Kopf abreißen. Höchstens die Augen auskratzen.« Er lacht heiser.

»Grober Zahn«, faucht Hanna.

»Grobian«, verbessert Manfred. »Es heißt Grobian.«

Hanna trottet mit gesenktem Kopf zur Tür.

»Bis morgen«, verabschiede ich mich von Manfred.

Unsere Wohnung liegt im Erdgeschoß. Von den vier Türen ist unsere die zweite von links. Ich klingele.

Wir hören Schritte hinter der Tür, dann öffnet unsere Mutter. »Hallo, Mutti«, sage ich. Aber sie starrt mich nur an, dreht sich um und verschwindet wieder. Wir treten ein, und ich mache die Tür zu.

»Kanada«, flüstere ich.

Es war Hannas Idee, die Stimmungen unserer Mutter in Kältezonen einzuteilen. Kanada ist noch einigermaßen erträglich.

»Nein, Alaska«, sagt Hanna. »Und auf dich ist sie jetzt auch böse.«

»Warum sollte sie auf mich böse sein?«

»Weil du mich mitgebracht hast.«

»Deswegen ist Mutti bestimmt nicht böse.«

»Und warum hat sie dann nicht geantwortet, als du ›Hallo, Mutti‹ gesagt hast?«

»Wahrscheinlich wollte sie schnell an den Herd zurück, damit ihr die Pfannkuchen nicht anbrennen.«

»Du glaubst, sie backt Pfannkuchen?« Hanna leckt sich die Lippen. Pfannkuchen sind ihr Lieblingsessen, das es allerdings nur ganz selten gibt.

»Ja. Aber nicht für Hanna«, kommt da die Stimme unserer Mutter aus der Küche. »Hanna wird sofort ins Badezimmer gehen und dort in Ruhe über ihre Ungezogenheit nachdenken. Und Wolfgang schließt die Tür hinter ihr ab.«

Hanna ballt ihre Fäuste. »Ich mag sowieso keine Pfannkuchen mehr. Und ins Badezimmer geh ich gern! Ich hab nämlich Kopfschmerzen!«

Dann verschwindet sie in dem engen, fensterlosen Raum.

»Hast du abgeschlossen?« fragt unsere Mutter.

»Ja.« Ich ziehe den Schlüssel aus dem Schloß.

»Und ist das Licht aus?«

»Ja.« Das Badezimmer hat nur einen Lichtschalter, außen im Flur.

»Komm endlich, deine Pfannkuchen werden kalt«, ruft unsere Mutter. »Und bring den Schlüssel mit.«

»Du darfst bestimmt bald wieder raus«, flüstere ich Hanna durch die Tür zu.

Sie antwortet nicht. Wahrscheinlich spielt sie wieder Hanna Unsichtbar. Hanna Unsichtbar ist blind und taub und stumm.

Ich gehe ins Wohnzimmer. Ein Teller mit drei Pfannkuchen steht auf dem Tisch. Ich nehme einen und streue Zucker darüber.

»Hast du nichts vergessen?« erinnert mich unsere Mutter.

»Doch«, fällt mir ein. Ich laufe in die Küche und wasche mir die Hände über dem Spülbecken. Danach essen wir.

»Und wie war es in der Schule?« fragt sie.

»In der Schule? Wie immer.«

»Und was hat dein Lehrer gesagt?«

»Mein Lehrer? Was soll er denn gesagt haben?«

»Herrgott noch mal!« stöhnt unsere Mutter. »Nun laß dir doch nicht jedes Wort einzeln aus der

Nase ziehen. Irgend etwas wird er ja wohl gesagt haben.«

»Ich ... ich weiß nicht mehr«, stottere ich.

Herr Findling hat uns eingeschärft, zu Hause auf keinen Fall etwas von dem Engelbuch zu verraten.

»Weil du wieder nicht aufgepaßt hast! Weil du deine Ohren immer auf Durchzug stellst!«

»Nein«, widerspreche ich. »Ich hab aufgepaßt.«

»Und was hat er dann gesagt, dein Lehrer?«

»Ich ... kann mich nicht mehr erinnern.«

»Siehst du! Gibst du jetzt zu, daß du nicht aufgepaßt hast?«

»Ja.«

»Was, ja?«

»Es stimmt, ich hab nicht aufgepaßt.«

»Wenigstens gestehst du deine Fehler ein. Und das kann man nicht von jedem in dieser Familie behaupten.«

Sie zeigt auf den dritten Pfannkuchen. »Hast du keinen Hunger mehr?«

»Doch. Aber ich dachte, der ist für Hanna.«

»Nein! Die kriegt keinen.«

Ich nehme mir den Pfannkuchen.

»Darf Hanna wieder rauskommen?« frage ich, als ich mit meinen Hausaufgaben fertig bin.

»Wenn sie sich entschuldigen will ...« antwortet unsere Mutter.

»Hanna?« Ich poche gegen die Badezimmertür. »Mutti möchte wissen, ob du dich entschuldigen willst.«

»Entschuldigen? Wofür?« fragt sie zurück.

»Für die Sache mit dem Kaffee.«

»Nein. Ich hab nur die Wahrheit gesagt.«

»Aber du kannst dich doch trotzdem entschuldigen«, schlage ich vor. »Damit Mutti dich wieder rausläßt.«

»Sie muß mich gar nicht wieder rauslassen. Es gefällt mir gut hier drin. Und Bim und Bam gefällt es auch. Sie haben gerade einen neuen Tanz gelernt.«

Bim und Bam sind Hannas Elefanten. Eigentlich sind es ihre Hände, aber wenn Hanna ihre Daumen bewegt, werden daraus Elefantenrüssel. Ihre Elefanten sprechen, singen und tanzen. Aber das weiß niemand außer mir.

»Entschuldigst du dich nun, ja oder nein?« dränge ich.

»Nein«, kommt die Antwort.

»Dann mußt du bis heute abend da drin sitzen«, sage ich.

»Muß ich überhaupt nicht«, erwidert sie. »Weil wir jetzt nämlich nach Indien fliegen, ins Elefantenland. Seid ihr soweit, Bim und Bam? Huiiih, wir starten!«

»Und wenn nachher Vati kommt und sieht, daß du eingesperrt bist, wird er auch noch wütend auf dich, weil du Mutti wieder geärgert hast«, warne ich sie.

»Ich kann dich nicht verstehen«, antwortet Hanna. »Hier in Indien sprechen sie nur indisch.«

»Na schön.« Ich seufze. »Wenn du nicht auf meinen Ratschlag hören willst ...«

»Ich will ja«, entgegnet sie. »Aber ich versteh nur hutschi und putschi.«

Ich drehe mich um und gehe ins Wohnzimmer zurück.

Kurz nach vier klingelt es. Unsere Mutter sieht von ihrer Zeitung auf und sagt: »Wer kann das sein? Vati hat doch seinen Schlüssel.«

Ich öffne. Draußen steht Frau Beckmann, mit einer Tüte in der Hand. »Ist deine Mutter zu Hause?« fragt sie.

»Ja!« Ich rufe: »Mutti? Es ist Frau Beckmann.«

»Oh, Frau Beckmann.« Mit ihrem freundlichsten Lächeln erscheint unsere Mutter an der Tür.

»Ich dachte, ich bringe Ihnen am besten gleich den Kaffee zurück«, sagt Frau Beckmann. »Heute morgen hatte ich den Eindruck, daß es Ihnen nicht recht war, mir den Kaffee zu leihen.«

»Nicht recht? Wie kommen Sie denn darauf?«

»Nun ... nicht jeder leiht gern etwas aus.«

»Aber das denken Sie doch nicht von mir«, entgegnet unsere Mutter. »Unter Nachbarn ist es schließlich eine Selbstverständlichkeit, sich gegenseitig auszuhelfen.«

»Wo wir früher gewohnt haben, war das auch so«,

bestätigt Frau Beckmann. Sie ist erst vor kurzem bei uns eingezogen.

»Und wo steckt Ihr kleiner Engel?« Sie späht an unserer Mutter vorbei in den Flur.

»Welcher kleine Engel?«

»Hanna.« Frau Beckmann zieht einen Schokoladenriegel aus ihrer Tüte. »Oder dürfen Ihre Kinder nichts Süßes?« fragt sie, als sie den abwehrenden Blick unserer Mutter bemerkt.

»Doch, sicher.« Unsere Mutter zögert. »Warum geben Sie die Schokolade nicht unserem Wolfgang?« sagt sie dann.

»Für Wolfgang habe ich natürlich auch etwas mitgebracht.« Frau Beckmann zieht einen zweiten Schokoladenriegel aus der Tüte und gibt ihn mir. »Oder ist Hanna gar nicht da?«

»Sie ist in Indien«, ertönt da Hannas Stimme, dumpf wie aus einer Gruft.

»War das Hanna?«

»Nur ein Spiel«, sagt unsere Mutter. »Sie wissen ja, wie Kinder sind.«

Frau Beckmann nickt, obwohl sie gar keine Kinder hat. »Hanna ist wirklich ein ungewöhnliches Mädchen. Und so phantasievoll.« Sie reicht unserer Mutter die Tüte. »Grüßen Sie Hanna von mir, sobald sie aus Indien zurück ist.«

»Das wird noch dauern«, erwidert unsere Mutter.

In der Küche öffnet sie das Päckchen mit den Kaffeebohnen und riecht daran.

»Darf Hanna jetzt wieder rauskommen?« frage ich mit Herzklopfen.

»Das könnte ihr so passen«, antwortet unsere Mutter.

Norwegen, denke ich.

»Aber Frau Beckmann hat doch den Kaffee zurückgebracht«, wende ich ein.

»Irgendwelchen billigen Kaffee hat sie gebracht. Meine Klassenabend-Damen würden mir schön die Meinung sagen, wenn ich ihnen diesen ... diesen Proletenkaffee vorsetzen würde.«

Mit finsterer Miene blickt sie in Richtung Badezimmer. »Na warte. Wenn Vati erfährt, daß wir jetzt neuen Kaffee kaufen müssen ...«

»Er muß es doch gar nicht wissen«, sage ich. Unser Vater ist nicht nur sparsam, er ist richtiggehend geizig.

»Willst du etwa, daß ich Vati beschwindeln soll?« Ich zucke zusammen. »Nein.«

»Im Leben wird auch kein Pardon gegeben«, erklärt unsere Mutter. »Je früher Hanna das lernt, desto besser.«

»Ja, Mutti«, sage ich.

Unser Vater kommt im allgemeinen um halb sieben nach Hause. Er ist Optiker, und das Brillengeschäft, in dem er arbeitet, schließt um sechs.

Aber heute scheint er Überstunden zu machen.

Hanna muß auch Überstunden machen, im Bade-zimmer.

»Wo Vati bloß bleibt«, sagt unsere Mutter. Sie hat Klöße gekocht, und die stehen seit halb sieben auf dem Tisch.

»Vielleicht hat er einen Freund getroffen«, sage ich.

»Vati hat keine Freunde«, erwidert sie.

Endlich, um zehn nach sieben, dreht sich der Schlüssel im Schloß.

»Vati!« rufe ich und laufe zur Tür.

Unser Vater tritt ein. Er geht gebückt und kann kaum Luft kriegen.

»Hab ich's doch geahnt«, sagt unsere Mutter. »Er hat wieder einen Anfall ...«

Unser Vater bekommt oft solche Anfälle. Er hat Asthma, und unsere Mutter sagt, daß Hanna und ich die Krankheit wahrscheinlich geerbt haben. Aber noch sind wir gesund.

Vatis Anfälle werden manchmal so schlimm, daß unsere Mutter einen Krankenwagen rufen muß. Sie hat sich an Vatis Anfälle gewöhnt, sagt sie. Mir machen sie immer noch angst.

Unser Vater zieht seinen Püster aus der Tasche. Den braucht er, um besser Luft zu kriegen. Er hält den Püster an den Mund und püstert sich Luft zu. Sein Gesicht ist ganz grau, und auf seiner Stirn sind Schweißtropfen.

»Der Nebel«, keucht er. »Unterwegs mußte ich mich immer wieder ... hinsetzen.«

Wir haben kein Auto, und er geht zu Fuß zur Arbeit.

»Konntest du nicht anrufen?« sagt unsere Mutter. »Dann hätte ich die Klöße warmgestellt.«

»Ich will nichts essen«, antwortet er und verschwindet im Schlafzimmer.

Ich laufe in die Küche und hole ein Glas Wasser.

Als ich ins Schlafzimmer komme, sitzt unser Vater im Bett, mit ein paar dicken Kissen im Rücken. Wenn er liegt, kriegt er noch schlechter Luft.

Ich gebe ihm das Glas, und er nimmt seine Tabletten ein. Dann püstert er wieder. Ich würde ihm gern etwas Nettes sagen, aber mir fällt nichts ein.

»Du starrst, als hättest du noch nie einen Asthmakranken gesehen«, fährt mich unsere Mutter an.

»Ich ... ich wollte nicht starren.«

»Nun geh schon. Vati will seine Ruhe haben.«

Er schüttelt kaum merklich den Kopf.

»Ich glaube, Vati möchte, daß ich noch ein bißchen hierbleibe«, sage ich.

»Unsinn«, entgegnet unsere Mutter. »Siehst du nicht, wie schlecht es ihm geht? Wahrscheinlich müssen wir den Krankenwagen bestellen.«

»Keinen Krankenwagen«, sagt unser Vater. »Es ist schon ... wieder besser.«

Aber es geht ihm nicht besser, und eine halbe Stunde später telefoniert unsere Mutter mit Dr. Bienstein, unserem Hausarzt. Wenn Vati einen Anfall hat, kommt Dr. Bienstein manchmal noch ganz spät am Abend vorbei.

»Er wird gleich hier sein«, sagt sie anschließend. »Ein Glück, daß wir Dr. Bienstein haben.«

Auch für Hanna ist es ein Glück: Sie darf aus dem Badezimmer herauskommen. In der Küche gebe ich ihr den Schokoriegel von Frau Beckmann.

Kurz darauf klingelt Dr. Bienstein. Er untersucht unseren Vater, dann gibt er ihm eine Spritze.

»Die wird Sie müde machen«, verspricht er.

»So gut möchte ich es mal haben!« sagt unsere Mutter.

»Ja, für Sie ist das alles auch nicht leicht«, stimmt Dr. Bienstein zu. »Ihr Gatte, der Haushalt, die beiden Kinder ... Und Wolfgang ist jetzt in einem schwierigen Alter.«

»Wolfgang nicht. Aber Hanna.«

»Hanna? Eigentlich ist sie noch ein bißchen zu jung dafür.«

»Bei manchen fängt es früh an«, sagt unsere Mutter. »Wenn wir wenigstens eine größere Wohnung hätten ...« fügt sie hinzu.

Wir haben aber nur zwei Zimmer, und deshalb müssen wir aufbleiben, bis Dr. Bienstein gegangen ist.

Als ich endlich im Bett liege, kann ich nicht einschlafen, weil unser Vater so schwer Luft kriegt. Und immer wieder püstert er. Diesmal scheint die Spritze von Dr. Bienstein gar nicht zu wirken. Normalerweise schläft unser Vater auf der Couch im Wohnzimmer. Aber wenn er einen Asthmaanfall hat, quartiert ihn unsere Mutter im Schlafzimmer ein. Dann übernachtet sie auf der Couch.

Auch Hanna ist noch wach, denn jetzt höre ich sie flüstern: »Vati? Weißt du, wie man fliegt?«

»Nein«, antwortet er.

»Soll ich es dir sagen?«

»Ja.« Er hustet.

»Man muß sich ganz leicht machen mit seinen Gedanken, dann fliegt man.«

»Und du glaubst, es würde auch ... bei mir wirken?«

»Bestimmt.«

»Aber wenn ich doch so schwere Gedanken habe?«

»Wie schwer?« will Hanna wissen.

»Sehr schwer.«

»Elefantenschwer?«

»Ja.«

»Dann ist es sogar besonders einfach«, sagt Hanna. »Paß auf: Du nimmst deine Hände und wackelst mit den Daumen. Jetzt hast du zwei Elefanten mit langen Rüsseln. Und wenn du deine Hände hochflattern läßt, können die Elefanten fliegen.«

»Elefanten ...« murmelt unser Vater. »Ich glaube, als Kind hab ich auch solche Spiele gespielt.«

»Und nun mußt du ihnen deine schweren Gedanken aufladen«, verlangt Hanna.

»Alle? Wird das nicht zuviel?«

»Nein. Elefanten sind stark.«

»Also gut.« Unser Vater püstert.

»Hast du sie ihnen aufgeladen?«

»Ja.«

»Dann mußt du sie jetzt fliegen lassen.«

»Fliegt davon, ihr schweren Gedanken«, sagt unser Vater.

»Bist du sie losgeworden?« fragt Hanna.

»Ja. Ich fürchte nur, daß sie wiederkommen.«

»Aber erst mal sind sie in Indien, im Elefantenland. Und das ist weit weg.«

»Ja, das ist weit weg.«

Nach einer Pause fragt Hanna: »Vati?«

»Ja?« fragt er zurück.

»Betest du manchmal?«

»Nein.«

»Darf ich dann für dich beten?«

»Wenn du unbedingt möchtest.«

»Ja, ich möchte, unbedingt.«

Ich höre unseren Vater husten.

Dann flüstert Hanna: »Der liebe Gott hat gesagt, daß er dich ganz liebhat.«

»Tatsächlich? Obwohl ich doch eigentlich gar nicht an ihn glaube?«

»Ja, trotzdem. Der liebe Gott heißt nämlich so, weil er uns alle liebhat. Gute Nacht, Vati.«

»Gute Nacht, Hanna.«

Weil er uns alle liebhat ... Das würde ja bedeuten, daß er sogar unsere Mutter liebhätte. Über diesem Gedanken schlafe ich ein.

Mittwoch, 2. Oktober

Am nächsten Morgen spricht unsere Mutter kein Wort mit Hanna – zur Strafe, weil sie sich nicht entschuldigt hat. Manchmal schweigt sie tagelang, bis Hanna es schließlich nicht mehr aushält.

Aber auch zu mir sagt sie nicht viel. Ich glaube, sie macht sich Sorgen, weil unser Vater krank ist und seine Arbeit verlieren könnte. Im letzten Jahr war er drei Monate zu Hause, und das war die reinste Hölle, sagt sie. Für Hanna und mich war es eigentlich ganz schön, weil unser Vater viele Ausflüge mit uns gemacht hat.

Zum Beispiel wissen wir jetzt, wie man Hafer von Gerste unterscheidet. Unser Vater kennt sich nämlich sehr gut in der Natur aus. Früher hat er ein Gymnasium besucht, aber ein Jahr vor dem Abitur mußte er abgehen, weil sein Asthma zu schlimm wurde, sagt er.

Am liebsten wäre er Dichter geworden. Er hat nur seinen Eltern zuliebe Optiker gelernt. Und Gedichte schreibt er immer noch. Zum Geburtstag, zu Ostern, zum Muttertag und zu Weihnachten bekommt unsere Mutter immer ein Gedicht von ihm, manchmal zwei oder drei Seiten lang.

Dabei mag sie seine Gedichte gar nicht. Sie bedankt sich nur kurz und legt sie weg.

Hanna möchte auch Gedichte schreiben, wenn sie groß ist. Deshalb freut sie sich auch schon auf die Schule.

Unsere Mutter möchte auf gar keinen Fall, daß Hanna später brotlose Kunst betreibt, wie sie das nennt. Sie will, daß Hanna Sekretärin wird. Oder noch besser Chefsekretärin, weil sie dann eine gute Partie machen kann. Ich weiß nicht genau, was sie damit meint. Aber ich vermute, eine gute Partie ist genau das Gegenteil von unserem Vater.

Unsere Mutter sagt, er hätte sie in die Falle gelockt, weil er ihr vor der Hochzeit nichts von seinem Asthma erzählt hätte. Bei seinem ersten Anfall hätte sie gedacht, er würde ersticken. Aber sein Keuchen und Röcheln klingt auch wirklich furchterregend.

Ich bin jedenfalls froh, daß ich nach dem Frühstück zur Schule gehen kann. Nur Hanna tut mir leid, weil sie zu Hause bleiben muß. Und zu Hause, das ist heute der Norden von Grönland, im Winter.

Im Deutschunterricht sprechen wir über Engel, obwohl Herr Findling eigentlich ein Diktat schreiben wollte.

Am Ende der Stunde steht ein Schaubild an unserer Tafel:

DER HIMMEL

Erste Ebene	*Seraphim, Cherubim, Throne*
	Sie sind Gott am nächsten
Zweite Ebene	*Herrschaften, Gewalten,*
	Fürstentümer
	Sie verwalten das Universum
Dritte Ebene	*Mächte, Erzengel, Schutzengel*
	Sie sind Streiter des Lichts gegen
	die Finsternis

Beim Abschreiben denke ich, daß es noch eine vierte Ebene geben muß. Und mit Bleistift, so daß ich es wieder ausradieren kann, schreibe ich in mein Deutschheft:

Vierte Ebene	*Die ganz kleinen Engel,*
	so wie Hanna
	Sie bringen Gottes Liebe auch zu den
	Familien, die die reinste Hölle sind

Aber nach kurzem Überlegen radiere ich »die die reinste Hölle sind« doch wieder aus. Unsere Familie ist nämlich nicht immer die reinste Hölle. Manchmal, wenn unsere Mutter gute Laune hat, kann es sogar ganz gemütlich sein.

Ich schreibe: *die sie besonders nötig haben*

Als ich von der Schule zurückkomme und klingele, höre ich Stimmen in unserer Wohnung. Im ersten Moment denke ich, daß es die Krankenträger sind, die unseren Vater abholen wollen. Aber dann öffnet Frau Dull die Tür. Sie trägt ihren geblümten Kittel und die Strümpfe mit den dicken Laufmaschen, die sie immer zum Saubermachen anzieht, weil es sich für gute Strümpfe nicht lohnt.

»Du störst«, sagt sie. »Deine Mutter und ich sind noch mittendrin.«

Frau Dull ist ein Drachen, sagt unsere Mutter. Aber sie wird ja auch nicht bezahlt, damit sie freundlich ist, sondern damit sie arbeitet. Und fürs Grobe ist sie genau die Richtige. Ich weiß nicht, was das Grobe in unserer Wohnung ist, weil Hanna und ich immer nach draußen geschickt werden, wenn Frau Dull kommt. Auf jeden Fall haßt es unsere Mutter, das Grobe selbst zu machen. Sie hat sich deswegen sogar schon mit unserem Vater gestritten, der nicht einsehen wollte, warum sie beim Saubermachen eine Hilfe braucht. Da hat sie ihm vorgehalten, sie hätte schließlich zwei Kinder und einen ständig kranken Mann zu versorgen. Das hat ihn dann überzeugt.

»Ist Hanna da?« frage ich.

Frau Dull schüttelt den Kopf und will die Tür zumachen.

Hastig frage ich: »Und mein Vater?«

»Ist im Keller«, antwortet sie. Mit einem boshaften Lächeln fügt sie hinzu: »Dem bekommt das Putzen nicht.«

»Ja, weil er Asthma hat«, nehme ich ihn in Schutz.

»Dann sollte er erst recht an die frische Luft gehen«, erklärt sie. »Aber deine Mutter sagt, er hockt ständig im Keller und schreibt Gedichte!«

Das Wort »Gedichte« spricht sie aus, als wären Gedichte etwas Unanständiges.

»Aber nur, weil er in unserer Wohnung keinen Platz dafür hat«, antworte ich.

»Nicht nur deshalb«, erwidert sie. »Deine Mutter sagt, er raucht im Keller.«

»Manchmal«, gebe ich zu. »Eine oder zwei.«

»Siehst du!« triumphiert Frau Dull.

Damit schlägt sie mir die Tür vor der Nase zu.

Diesmal ist unser Vater aber nicht zum Rauchen in den Keller gegangen und auch nicht zum Dichten. Er sitzt in dem alten Sessel, den er vor der Müllabfuhr gerettet hat und den unsere Mutter unter gar keinen Umständen in der Wohnung haben will, und kriegt nur mühsam Luft.

»Hallo, Vati«, sage ich beim Eintreten.

»Hallo, Wolfgang«, antwortet er mit matter Stimme. Verlegen trete ich von einem Fuß auf den anderen. Wenn es unserem Vater schlechtgeht, weiß ich nie, worüber ich mit ihm reden soll.

»Das Saubermachen kann nicht mehr lange dauern«, sage ich.

Er hustet.

»Wenn die Wohnung richtig sauber ist, kriegst du bestimmt wieder besser Luft«, versuche ich es noch einmal.

»Ja.«

»Möchtest du, daß ich dir etwas vorlese?«

Er schüttelt den Kopf.

»Soll ich dir etwas zu trinken holen?«

»Nein.« Er zeigt auf die Karaffe mit Wasser, die neben ihm auf der Truhe steht, zusammen mit seinen Tabletten.

Ich muß an die vergangene Nacht denken und wie unbekümmert Hanna mit ihm über etwas so Schwieriges wie den lieben Gott gesprochen hat.

»Wo ist eigentlich Hanna?« frage ich.

»Draußen.«

»Draußen? Aber ich hab sie gar nicht gesehen, als ich von der Schule kam.«

Unser Vater püstert.

»Soll ich mal nachgucken, wo sie ist?«

Er nickt. »Tu das.«

»Dann bis gleich«, sage ich und bin froh, daß ich den Keller verlassen kann.

Ich finde Hanna auf dem Schotterplatz hinter unserem Haus, wo im Sommer die Wäsche aufgehängt wird. Sie wirft ihren roten Ball gegen die Hauswand, fängt ihn wieder auf und erzählt dabei. Geschichtenball nennen wir dieses Spiel, und normalerweise spielen wir es mit mehreren. Aber Hanna ist ganz alleine.

»Hallo, Hanna«, sage ich.

Sie unterbricht ihre Geschichte nicht.

»Und da sagte die böse Königin zur Prinzessin: ›Ich werde dir die Augen auskratzen und die Finger abhacken. Und dann werde ich deine Füße abhacken, und dann werde ich dich in den Ofen werfen und ein kräftiges Feuer machen, damit du verbrennst. Und wenn du verbrannt bist, werde ich dich ins Meer schütten, wo es am tiefsten ist. Und dann werden die Haifische kommen und deine Asche fressen, bis gar nichts mehr von dir übrig ist‹.«

»Hanna –« sage ich erschrocken.

Sie schüttelt den Kopf. Beim Geschichtenball sollen die Zuhörer nicht dazwischenreden.

»Da antwortete die Prinzessin: ›Wenn du das tust, wird dich meine Freundin, die Sonne, verbrennen, bis du schwarz wie Teer bist. Und mein Freund, der Mond, wird riesige Felsbrocken auf deinen Kopf werfen, und meine Freunde, die Sterne, werden giftige Strahlen schicken.‹ Als sie das hörte, war die böse Königin ganz entsetzt und sagte: ›Wenn du so mächtige Freunde hast, werde ich dir lieber nicht die Finger abhacken.‹«

Hanna hält inne. »Schön, nicht?« sagt sie.

»Schön?« wiederhole ich. Sonst handeln Hannas Geschichten von kleinen Mädchen, die verletzte Tiere gesundpflegen oder alten Menschen helfen.

»Schön, daß die Prinzessin gesiegt hat«, erklärt Hanna. »Die böse Königin dachte, sie könnte mit der Prinzessin umspringen, wie es ihr gerade paßte. Aber die Prinzessin hatte auch ein paar Verbündete.«

»Und was ist mit dem König?« frage ich.

»Mit dem König? Der ist nicht viel besser.«

»Wirklich?«

»Ja. Er zieht nie seine Ritterrüstung aus. Nachts kann die Prinzessin kein Auge zukriegen, weil die Ritterrüstung so scheppert. Selbst wenn der König schläft, scheppert die Rüstung.«

»Aber sonst ist der König nett zu der Prinzessin?«

»Nein.« Hanna nimmt ihr Spiel wieder auf. »Eines Tages kam der König in die Kammer der Prinzessin«, erzählt sie. »›Und du Nichtsnutzige hast unseren allerbesten Kaffee verschenkt?‹ schrie er. ›Ich habe ihn nicht verschenkt‹, antwortete die Prinzessin. ›Ich habe ihn nur verliehen, an eine Frau aus dem Nachbar-Königreich, die keinen Kaffee mehr hatte.‹ Aber da wurde der König noch wütender und schrie: ›Weißt du denn nicht, daß es der Kaffee aus dem Morgenland war, der teuerste Kaffee der Welt? Jetzt müssen wir neuen Kaffee aus dem Morgenland kaufen. Aber diesmal wirst du den Kaffee bezahlen, von deinem gesparten Geld.‹ Damit schlug er das Sparschwein der Prinzessin kaputt und nahm ihr das ganze Geld weg. Es war viel mehr Geld, als der Kaffee kosten konnte.«

»Er hat das Sparschwein kaputtgeschlagen und ihr das ganze Geld weggenommen?« sage ich betroffen.

»Ja. Und jetzt kann die Prinzessin nicht mehr das schöne Puppenkleid kaufen, für das sie so lange gespart hat.«

»Bestimmt gibt ihr der König das überzählige Geld zurück«, will ich sie trösten.

»Bestimmt nicht!« erwidert Hanna. »Der König hat gesagt, es soll für die Prinzessin eine Lehre sein.«

»Dann muß Petrea eben weiter ihr altes, zerlumptes Kleid tragen«, sagt sie nach einer Pause.

Petrea ist Hannas Puppe. Sie hat Petrea von der alten Frau Rosenboom geschenkt bekommen, die inzwischen gestorben ist. Mit Petrea hat Frau Rosenboom schon gespielt, als sie selbst noch ein kleines Mädchen war. Unsere Mutter mag Petrea nicht, weil sie so abgenutzt aussieht und weil ihr Körper mit Sägespänen gefüllt ist und man nie wissen kann, was für Ungeziefer sich darin eingenistet hat. Deshalb muß Hanna sie auch im Keller aufbewahren.

»Wir könnten Manfred fragen«, fällt mir ein. »Er sagt, seine Schwester spielt nicht mehr mit Puppen. Vielleicht hat sie Puppenkleider übrig.«

»Welcher Manfred?«

»Palme-auf-dem-Kopf.«

»Ach so, der. Hat seine Schwester auch eine Palme auf dem Kopf?«

»Nein.« Ich lache. »Sie hat einen Pferdeschwanz.«

»Einen Schwerterkranz?« sagt Hanna und bleibt ganz ernst. »Das muß toll sein. Wenn du lauter Schwerter auf dem Kopf hast, traut sich keiner mehr, dein Sparschwein kaputtzuschlagen und dir dein Geld wegzunehmen!«

Mit finsterer Miene wirft sie ihren Ball gegen die Wand.

»Wollen wir zu Manfred gehen und seine Schwester nach den Puppenkleidern fragen?« schlage ich vor.

Sie nickt. »Mutti ist es sowieso egal, wo ich bin.«

»Nein«, widerspreche ich.

»Doch. Sie hat zu Frau Dull gesagt, wenn es nach ihr ginge, könnte ich bleiben, wo der Pfeffer wächst.«

»Das hat sie nur gesagt, weil sie wütend war.«

»Wütend? Mutti war überhaupt nicht wütend. Sie war ganz eisig.«

»Trotzdem kann sie wütend gewesen sein«, antworte ich. »Mutti wird eben anders wütend als die meisten Leute, irgendwie kalt wütend.«

»Kalt wütend?«

»Ja.«

»Heiß wütend finde ich aber viel, viel besser«, sagt Hanna. »Da weiß man wenigstens, daß jemand wütend ist.«

In Gedanken stimme ich ihr zu.

Annette, Manfreds Schwester, hat tatsächlich noch viele Puppenkleider. Hanna darf sich sechs Kleider aussuchen, und Annette schenkt ihr sogar noch einen Puppenkoffer mit einer Kleiderstange und winzigen Bügeln.

Hanna ist überglücklich. Auf dem Nachhauseweg erzählt sie, daß sie Petrea von nun an jeden Tag ein anderes Kleid anziehen wird. Unsere Mutter öffnet die Wohnungstür. Ein Geruch nach Putzmitteln und Möbelpolitur schlägt uns entgegen, aber Frau Dull ist zum Glück schon gegangen. Ich höre unseren Vater im Schlafzimmer püstern.

Mit gerunzelter Stirn zeigt sie auf Hannas Puppenkoffer. »Was soll dieser scheußliche alte Koffer? Habt ihr den auf der Straße gefunden?«

»Nein. Manfreds Schwester hat ihn Hanna geschenkt«, antworte ich. »Und außerdem noch sechs Puppenkleider für Petrea.«

»Petrea? Die wird keine Kleider mehr brauchen«, sagt unsere Mutter.

»Und warum nicht?« frage ich.

»Weil Frau Dull sie mitgenommen hat.«

Hanna schreit auf.

»Aber es ist doch Hannas Puppe«, wende ich ein.

»Ja!« ruft Hanna. »Es ist meine Puppe.«

»Wenn Hanna sich nicht an die Abmachungen hält …« entgegnet unsere Mutter kühl.

»Was denn für Abmachungen?« will ich wissen.

»Habe ich ihr etwa nicht eingeschärft, daß sie die

scheußliche Puppe auf gar keinen Fall mit in unsere Wohnung bringen darf? Aber nein, sie versteckt dieses schmutzige Strohdings unter ihrem Bett, und Frau Dull, ausgerechnet Frau Dull, muß sie beim Saubermachen finden. Was die jetzt für einen Eindruck von unserer Familie hat!«

»Und was will Frau Dull mit Petrea?« frage ich.

»Was Frau Dull mit der gräßlichen Puppe will?« Unsere Mutter lacht schrill. »Sie in die Mülltonne werfen, was sonst.«

»Das darf sie nicht«, stammelt Hanna.

»Das darf sie sehr wohl«, erwidert unsere Mutter.

»Aber Frau Rosenboom hat gesagt, Petrea ist wertvoll, weil sie so alt ist«, sage ich.

»Genau!« meldet sich unser Vater aus dem Schlafzimmer. »Die Puppe ist antik. Dafür bezahlen Sammler viel Geld.«

»So antik wie das Gerümpel in deinem Keller, wie?« entgegnet unsere Mutter. »Aber damit du Bescheid weißt: Wenn du mal nicht mehr bist, wird als erstes dein Keller ausgemistet, und zwar von der Müllabfuhr!«

Unser Vater gibt ein Stöhnen von sich, dann püstert er.

Ich sehe Hanna an. Sie hat die Lippen fest zusammengepreßt, und ihre Augen glänzen feucht – als würde sie weinen, aber nur ganz tief innendrin, wo niemand ihre Tränen sehen kann.

Ich möchte sie trösten, doch sie dreht sich um und verschwindet im Schlafzimmer.

»Ja, geh nur ins Bett. Ich will dich gar nicht mehr sehen«, ruft unsere Mutter ihr hinterher. »Und morgen früh erwarte ich eine Entschuldigung von dir.«

»Und deinen Schokoladenpudding kriegt jetzt Wolfgang«, fügt sie hinzu.

Hanna antwortet nicht. Wahrscheinlich ist sie längst in Indien, zusammen mit ihren Elefanten, denke ich. Und Hunger wird sie auch nicht haben: bei Annette hat sie ein großes Stück Apfelkuchen bekommen.

Als ich im Bett liege, höre ich, wie unser Vater aufsteht. Im ersten Moment denke ich, daß er ins Bad gehen will, aber dann höre ich, wie er sein Hemd und seine Hose anzieht und die Schuhe zuschnürt.

Leise öffnet er die Tür zum Wohnzimmer.

»Du?« sagt unsere Mutter. »Und wieso bist du angezogen?«

»Ich will die Puppe holen«, antwortet er.

»Du willst was?«

»Die Puppe holen.«

Einen Augenblick lang ist unsere Mutter sprachlos.

»Ich will sie nicht für Hanna«, sagt er. »Aber die Puppe ist mit Sicherheit einiges wert. Und warum sollen die Leute von der Müllabfuhr das Geld einstecken?«

»Du glaubst, ich würde zulassen, daß du die Mülltonnen durchwühlst?« ruft unsere Mutter.

»Es ist doch dunkel, da sieht mich keiner.«

»Auf gar keinen Fall gehst du. Leg dich wieder hin.«

»Ich …« Unser Vater ringt nach Luft.

»Und du willst nachts unterwegs sein, du mit deinem Asthma? Anschließend darf ich dich wieder aufpäppeln!«

Er beginnt zu püstern.

Ich halte mir die Ohren zu. Aber selbst dann noch höre ich sein Püstern und dazwischen die laute Stimme unserer Mutter. Endlich wird die Tür geöffnet, und unser Vater kommt zurück.

Er kriegt kaum noch Luft.

»Vati?« frage ich mit Herzklopfen.

»Was?«

»Morgen früh gehe ich zu dem Haus von Frau Dull. Und unterwegs gucke ich in alle Papierkörbe und Mülltonnen.«

Er püstert. »Hoffentlich ist es dann nicht schon … zu spät.«

»Ich würde ja jetzt gehen. Aber Mutti erlaubt es bestimmt nicht.«

»Bist ein braver Junge«, sagt er mit schwacher Stimme.

Er püstert wieder. »Und wenn du sie findest, versteck sie gut … vor Mutti.«

»Ja, Vati.«

Donnerstag, 3. Oktober

Am Morgen ist sein Bett leer. Es sieht aber nicht so aus, als wäre er nur ins Badezimmer gegangen, weil das Bettlaken abgezogen ist und seine Decke zusammengefaltet am Fußende liegt. Hanna schläft noch, und so gehe ich auf Zehenspitzen zur Tür. In der Küche finde ich unsere Mutter.

»Ist Vati zur Arbeit gegangen?« frage ich.

»Zur Arbeit?« Sie lacht, aber es klingt kein bißchen lustig.

»Vati ist letzte Nacht ins Krankenhaus gekommen. Hast du das nicht gehört?«

»Nein.«

»Ihr Kinder seid wirklich zu beneiden. Im schrecklichsten Durcheinander könnt ihr schlafen.« Unsere Mutter seufzt tief. »Ich habe die ganze Nacht kein Auge zugekriegt. Aber jetzt ist Vati wenigstens in fachkundigen Händen. Und im Krankenhaus hat er alles, was er braucht.«

Hanna kommt in die Küche.

»Ist Vati nicht da?« wendet sie sich an unsere Mutter, aber die dreht ihr nur den Rücken zu.

»Vati ist im Krankenhaus«, erkläre ich.

»Im Krankenhaus?« wiederholt Hanna.

Ich nicke und flüstere: »Du mußt dich entschuldigen.«

Hanna schüttelt trotzig den Kopf. Dann verkündet sie: »Vati ist im Krankenhaus, damit Mutti freie Bahn hat.«

Unsere Mutter fährt herum. »Wie bitte?«

»Freie Bahn für ihren Klassenabend«, fügt Hanna hinzu.

»Sag das noch einmal!« verlangt unsere Mutter. Sie ist ganz rot im Gesicht.

Hanna beißt sich auf die Lippen.

»Na warte!« ruft unsere Mutter. Sie packt Hanna an den Haaren. »Das lasse ich mir von dir nicht gefallen. Du Biest, du Satansbraten. Ab mit dir.«

Sie zerrt Hanna zum Badezimmer und stößt sie hinein.

Hanna läßt alles über sich ergehen. Sie beklagt sich nicht, sie wehrt sich nicht. Selbst als unsere Mutter die Tür abschließt und ruft: »Da drinnen kannst du bleiben, bis du schwarz wirst. So schwarz, wie deine Seele jetzt schon ist«, protestiert sie nicht.

In solchen Momenten kommt Hanna mir immer ganz besonders überirdisch vor. Ich glaube, nur Engel können so zart und zerbrechlich und gleichzeitig so stark sein.

Bevor ich zur Schule gehe, flüstere ich ihr noch zu, daß ich versuchen will, Petrea zu finden.

Leider entdecke ich keine Spur von Petrea. Ich kann allerdings nur einen oberflächlichen Blick in die Mülltonnen werfen, wegen der Nachbarn. Die würden sonst unserer Mutter berichten, daß ich in den Mülltonnen herumgewühlt habe. Und dann würde unsere Mutter mich beschuldigen, genau wie mein Vater zu sein. Mittags, auf dem Nachhauseweg, mache ich mir Vorwürfe, daß ich bei Hanna falsche Hoffnungen geweckt habe. Es wäre besser gewesen, ihr nichts zu sagen. Dann müßte sie jetzt nicht enttäuscht sein, weil ich Petrea nicht gefunden habe. Bestimmt ist sie noch immer im Badezimmer eingesperrt, und bestimmt hat sie sich die ganze Zeit auf Petrea gefreut!

Aber zu meiner Überraschung öffnet Hanna die Wohnungstür. Ihre Haare sind zu Zöpfen geflochten, und in der Hand hält sie einen Lolli. Im Hintergrund höre ich Schlagermusik.

Sie zeigt auf ihre Zöpfe und kichert: »Frau Karschewski ...«

»Ach so«, sage ich.

Frau Karschewski war früher Friseuse, und wenn unsere Mutter etwas Wichtiges vorhat, macht sie ihr die Haare.

Eigentlich hätte ich wissen müssen, daß Frau Karschewski heute kommen würde, denn immerhin hat unsere Mutter morgen ihren Klassenabend.

Bei ihr ist es billiger als im Frisiersalon und außerdem persönlicher. Für Hanna und mich hat Frau Karschewski auch ihre Vorteile, weil es bei uns immer sehr lustig zugeht, wenn sie da ist. Sie soll merken, daß wir eine glückliche Familie sind, und das soll sie dann den anderen Leuten im Haus erzählen.

Frau Karschewski wohnt ein Stockwerk über uns, und wer so dicht wohnt, soll auf keinen Fall einen schlechten Eindruck bekommen, sagt unsere Mutter.

Mit Frau Dull ist es etwas anderes. Die wohnt weit genug weg und kann in unserem Haus nichts herumerzählen, weil sie da keinen kennt, außer uns.

Und mit Frau Beckmann ist es noch etwas anderes. Sie wohnt zwar im selben Haus wie wir, im Nachbareingang, aber sie ist neu hier und hat noch keine Verbindungen. Frau Beckmann würde sich hüten, schlecht über uns zu sprechen, denn das würde nur auf sie selbst zurückfallen.

»Na, wie war die Schule?« ruft unsere Mutter, als ich ins Wohnzimmer komme.

Ich weiß, daß sie jetzt einen ausführlichen Bericht von mir erwartet, für Frau Karschewski, die mir auch schon aufmunternd zunickt. Frau Karschewski ist damit beschäftigt, die Haare unserer Mutter auf Lockenwickler zu drehen. Die Nadeln für die Wickler hält sie zwischen den Lippen, und deswegen kann sie nicht sprechen.

»Also zuerst …« beginne ich. »Zuerst hatten wir Sport.«

»Wolfgang ist ja so sportlich«, sagt unsere Mutter. »Du hast bestimmt beim Fußball ein Tor geschossen, oder?«

»Nein, zwei«, behaupte ich. Wir haben aber gar keinen Fußball gespielt, weil es draußen schon zu kalt ist. Statt dessen haben wir an den Geräten geturnt.

»Und nach dem Sport? Da habt ihr bestimmt einen Aufsatz geschrieben?« drängt unsere Mutter.

Zu Frau Karschewski sagt sie: »Wolfgang ist der beste Aufsatzschreiber in seiner Klasse.«

»Danach hatten wir Kunst«, sage ich.

»Ja, und?« forscht unsere Mutter.

»Das dürfen wir nicht verraten.« Wir haben heute angefangen, einen Umschlag für unser Engelbuch zu entwerfen. Aber Herr Findling hat uns eingeschärft, zu Hause nichts zu erzählen.

»Und wieso dürfen die Eltern nichts erfahren?« fragt unsere Mutter unzufrieden.

»Weil es eine Überraschung sein soll«, antworte ich.

»Rei-zend«, lispelt Frau Karschewski.

»Na gut, wenn es eine Überraschung sein soll.« Unsere Mutter lächelt süßlich. »Und was hattet ihr danach? Rechnen?«

Ich nicke.

»Wolfgang ist nicht nur der beste Aufsatzschreiber in seiner Klasse«, sagt unsere Mutter zu Frau Karschewski. »Er ist auch noch ein sehr guter Rechner. Nicht wahr, Wolfgang?«

»Ja.«

Frau Karschewski steckt die letzte Nadel fest. Dann sagt sie: »Sie sind wirklich zu beneiden. Wenn man dagegen andere Mütter hört, was die für Probleme mit ihren Kindern haben.«

»Es hängt eben alles von der häuslichen Erziehung ab«, antwortet unsere Mutter. »Obwohl auch in unserer Familie nicht nur eitel Sonnenschein herrscht ...« Sie wirft Hanna einen vorwurfsvollen Blick zu. Aber Hanna hat gar nichts getan. Sie steht einfach nur da und lutscht ihren Lolli.

Frau Karschewski zieht ein dünnes, schwarzes Haarnetz über die Wickler. »Sie meinen, weil Ihr Mann ständig krank ist?« fragt sie neugierig.

»Ständig? Wie kommen Sie auf ständig?« erwidert unsere Mutter. »Es ist nur dieses neblige Wetter, das mein Mann nicht verträgt. Aber wer verträgt das schon!«

»Ja, wer verträgt das schon«, stimmt Frau Karschewski zu. »Mir tun bei solchem Wetter immer die Knochen weh.«

Dann kommt sie auf die Knochen von Frau Moosbach zu sprechen. Die sollen so mürbe sein, daß Frau Moosbach wohl bald im Rollstuhl landen wird.

Genau wie der bedauernswerte Herr Sulzer, der

im Krieg beide Beine verloren hat und seitdem im Rollstuhl sitzt. Nein, nicht im Rollstuhl – zuallererst hatte er nur eine umgebaute Kinderkarre.

»Manche Menschen müssen entsetzlich leiden«, sagt Frau Karschewski. »Da fragt man sich doch, warum der liebe Gott dem einen ein leichtes und dem anderen ein schweres Bündel aufbürdet.«

»Ja, das fragt man sich wirklich«, stimmt unsere Mutter zu.

Eine Pause entsteht.

»Kann ich jetzt meine Hausaufgaben machen?« frage ich.

Frau Karschewski sieht auf ihre Uhr und schlägt die Hände zusammen. »Oh, schon so spät!« ruft sie aus. »Frau Unterberger erwartet mich, zur Dauerwelle.«

»Und ich muß mich um Wolfgang kümmern«, sagt unsere Mutter. »Er hat bestimmt einen Bärenhunger nach dem anstrengenden Fußballspiel.«

»Ja«, bestätige ich.

»In zwei Stunden komme ich zum Auskämmen wieder«, kündigt Frau Karschewski an und geht.

Unsere Mutter wärmt uns die Nudelsuppe auf, dann setzt sie sich im Wohnzimmer unter die Trockenhaube.

Beim Essen erzähle ich Hanna, daß ich in sämtliche Mülltonnen geguckt habe, aber daß ich Petrea leider nicht gefunden habe.

»Macht nichts«, sagt sie.

»Macht nichts?« wundere ich mich.

»Petrea ist jetzt beim lieben Gott, im Puppenhimmel«, erklärt sie.

Ich glaube allerdings, daß Petrea auf der Müllkippe gelandet ist. Aber das behalte ich für mich.

»Möchtest du vielleicht Brummi haben?« frage ich. Brummi ist mein Teddybär.

»Ausleihen oder für immer?«

»Ausleihen.«

»Ausleihen nicht«, sagt sie.

»Also dann … für immer.«

Sie schüttelt den Kopf.

Insgeheim bin ich erleichtert. Ich habe Brummi schon so lange, daß er mir bestimmt entsetzlich fehlen würde.

»Oder möchtest du eine neue Puppe?« schlage ich vor. »Soll ich Annette fragen, ob sie eine übrig hat?«

»Nein. Es ist besser, mit Elefanten zu spielen«, sagt sie und bewegt ihre Daumen, so daß sie wie Elefantenrüssel aussehen.

»Die kann dir niemand wegnehmen, niemand auf der ganzen Welt.«

»Und einsperren kann man sie auch nicht«, fügt sie hinzu. »Und falls es trotzdem einer versucht, fliegen die Elefanten hui –« sie läßt ihre Hände hochfliegen, »einfach davon. Das schafft dein Brummi nicht, oder?«

»Nein«, sage ich.

Hanna lächelt. »Rate, wohin wir heute morgen geflogen sind!«

»Nach Indien?«

»Nein, weiter.«

»Nach Afrika?«

»Nein. Viel weiter.«

»In den Himmel?«

»Woher weißt du das?«

»Ich habe es nur vermutet.«

»Es stimmt, wir waren im Himmel«, sagt Hanna. »Ich wollte sehen, was aus Petrea geworden ist. Und stell dir vor: Sie saß auf einer goldenen Wolke, zusammen mit ganz vielen anderen Puppen. Die meisten waren noch älter und abgenutzter als Petrea. Bei manchen guckte das Stroh heraus, bei manchen fehlte ein Arm oder ein Bein, und eine Puppe hatte keine Augen mehr. Aber alle lachten und waren glücklich. Und weißt du auch, warum?«

»Weil sie im Himmel waren?«

»Ja! Und weil niemand mehr auf sie zeigte und sagte: ›Ist das aber eine häßliche alte Puppe, die gehört auf den Müll.‹ Das ist nämlich das Schöne am Himmel: daß man so sein darf, wie man ist.«

Sie seufzt leise. »Aber weißt du, was das Allerschönste ist?«

»Nein, was?« frage ich.

»Daß sie dich trotzdem liebhaben im Himmel!«

Ich beiße mir auf die Lippen. Ich würde Hanna gern sagen, daß ich sie schon jetzt liebhabe, hier auf der Erde. Aber ich weiß nicht, wie ich anfangen soll.

Da ruft unsere Mutter: »Machst du auch deine Hausaufgaben, Wolfgang?«

»Ja, Mutti!« rufe ich zurück.

Hanna sieht mich mit großen Augen an. »Aber du machst sie doch gar nicht.«

»Noch nicht«, antworte ich und trage unsere Teller zur Spüle.

Anschließend wische ich den Tisch ab und breite meine Hefte und Bücher aus.

Hanna holt ihren Malblock und die Buntstifte. »Ich male Tischkarten«, kündigt sie an. »Als Überraschung für Muttis Klassenabend. Keiner malt so gut wie ich, hat Mutti gesagt.«

»Das hat sie gesagt?«

»Ja. Zu Frau Karschewski.«

Dann hat es auch nicht viel zu bedeuten, denke ich. »Mutti hat bestimmt schon Tischkarten.«

»Hat sie nicht. Sie hat zu Frau Karschewski gesagt, daß sie unbedingt noch Tischkarten braucht und Kerzen und –« Hanna zieht die Stirn kraus, »und Stangensalz für ihre Damen.«

»Du meinst wahrscheinlich Salzstangen.«

»Ja. Und Zahnstecher. Weil Tante Anni so lange Zähne hat, mit so großen Lücken dazwischen.« Hanna kichert.

»Es heißt Zahnstocher«, verbessere ich.

»Zahnstecher«, sagt Hanna.

Sie malt ihre erste Tischkarte: einen großen roten Fliegenpilz. »Für Tante Gretel«, erklärt sie und läßt sich von mir den Namen vorschreiben. Tante Gretel hat als einzige vom Klassenabend ein eigenes Haus mit einem großen Garten. Einmal waren Hanna und ich bei Tante Gretel eingeladen, aber wir durften nur auf den Wegen gehen und nichts anfassen und nichts abpflücken.

Auf die nächste Tischkarte malt Hanna eine Sonnenblume. »Die ist für Tante Hannelore«, verrät sie. »Vati sagt, Hannelore ist die Netteste vom Klassenabend.«

»Vati …« Merkwürdig, ich habe die ganze Zeit nicht an ihn gedacht. »Weißt du, wie es Vati geht?« frage ich.

»Ja. Gut.«

»Habt ihr ihn im Krankenhaus besucht?«

»Nein, dafür hatte Mutti keine Zeit. Aber sie hat angerufen. Der Arzt hat gesagt, Vati geht es gut, und höchstwahrscheinlich kann er am Dienstag entlassen werden. Da hat Mutti gesagt: ›Gott sei Dank‹.«

»Gott sei Dank?« Ich überlege, was unsere Mutter damit wohl gemeint haben könnte. »Gott sei Dank, daß er so schnell wieder nach Hause kommen kann?«

»Nein. Gott sei Dank, daß er den Klassenabend verpaßt.«

»Aber er geht doch sowieso immer in den Keller, wenn Mutti ihren Klassenabend hat«, sage ich.

»Trotzdem«, antwortet Hanna. »Jetzt ist er aus der Schußlinie.«

»Hat Mutti das gesagt?«

»Nein. Frau Karschewski.«

Im Wohnzimmer wird die Trockenhaube ausgeschaltet. Ich zucke erschrocken zusammen. Durch Hanna war ich so abgelenkt, daß ich noch gar nicht richtig mit meinen Hausaufgaben angefangen habe.

»Wolfgang, bist du fertig?« ruft unsere Mutter.

»Äh, fast«, stottere ich.

»Du mußt noch einkaufen gehen.« Sie kommt in die Küche. Hastig blättert Hanna ihren Malblock um, damit unsere Mutter die Tischkarten nicht sieht.

»Ich schreibe dir auf, was wir brauchen«, sagt unsere Mutter.

»Kaffee, den besten, den sie haben, Mozartkugeln, Nougatpralinen. Das kaufst du im Kaffeegeschäft. Danach gehst du ins Papiergeschäft und kaufst Tischkarten. Aber laß dir vernünftige geben, nicht diese modernen. Am besten fragst du die Verkäuferin.«

»Ja, Mutti«, sage ich.

Hanna schüttelt den Kopf und flüstert: »Keine Tischkarten«, aber so leise, daß unsere Mutter es nicht hört.

»Anschließend gehst du in die Drogerie und kaufst rote und weiße Kerzen.« Unsere Mutter gibt mir Geld, und ich breche auf.

Ich fühle mich nicht gerade wohl in meiner Haut. Wenn ich keine Tischkarten mitbringe, bekomme ich Ärger mit unserer Mutter. Außerdem geht sie dann wahrscheinlich selbst los und kauft welche.

Wenn ich aber Tischkarten kaufe, ist Hanna enttäuscht, weil ich ihr die Überraschung verdorben habe. Und ich finde, daß Hanna schon genug durchgemacht hat in der letzten Zeit.

Im Papiergeschäft sehe ich mir die verschiedenen Karten an und bin noch immer unschlüssig, was ich machen soll.

»Kann ich dir helfen?« fragt die Verkäuferin.

»Ja, vielleicht«, sage ich und erzähle, daß ich Tischkarten kaufen soll, aber keine modernen.

»Wie wär's mit unserem Sonderangebot?« Sie zeigt mir weiße, unbedruckte Karten. »Die sind völlig zeitlos.«

»Zeitlos?«

»Ja. Solche Karten hat man vor zehn Jahren schon gehabt. Und in zehn Jahren wird es die Karten immer noch geben. Sie sind keiner Mode unterworfen.«

»Das ist gut.«

»Manche Kunden kaufen sie auch, weil sie die Karten selbst bemalen wollen«, sagt sie.

»Manche bemalen die Karten selbst?« frage ich aufgeregt.

»Ja.«

»Dann nehme ich sie!«

Diese Tischkarten sind wie geschaffen für uns, denke ich. Unsere Mutter wird sie mögen, weil sie nicht modern sind. Daß sie im Sonderangebot waren, wird ihr auch gefallen. Und Hanna kann nicht traurig sein, weil unbedruckte Tischkarten überhaupt keine Konkurrenz für selbstgemalte sind.

Doch es kommt anders, als ich erwartet habe.

Hanna macht mir die Tür auf, und ohne Umschweife fragt sie: »Hast du Tischkarten gekauft?«

»Ja. Aber nur weiße«, antworte ich.

»Du bist gemein!« faucht sie.

»Du kannst sie doch bemalen«, sage ich.

»Pah!« Sie dreht sich um und verschwindet im Wohnzimmer.

»Wolfgang? Hast du alles eingekauft?« ruft unsere Mutter.

»Ja.« Ich gehe in die Küche und zeige ihr die Packung mit den Tischkarten. »Die waren sogar im Sonderangebot«, sage ich.

Eine Falte erscheint zwischen ihren Augenbrauen. »Das war ein Sonderangebot?«

»Ja!«

»Und wieso waren die im Preis heruntergesetzt?«

»Wieso?« Ich überlege. »Weil … weil sie zeitlos sind. Die haben sie schon seit zehn Jahren.«

»Wie bitte?« ruft unsere Mutter. »Du hast dir Tischkarten aufschwatzen lassen, die zehn Jahre in dem Laden herumgelegen haben? Die müssen ja total vergilbt sein!«

Sie nimmt mir die Packung aus der Hand und betrachtet sie von allen Seiten. Plötzlich bin ich gar nicht mehr sicher, ob ich wirklich den richtigen Kauf gemacht habe.

»Einigermaßen weiß sehen sie ja noch aus«, sagt sie. »Aber meinen Klassenabend-Damen kann ich diese Ladenhüter nicht zumuten. Die sind nur das Allerneueste und Beste gewöhnt. Oder willst du, daß meine Klassenabend-Damen im nächsten Jahr nicht wiederkommen, weil sie sagen, bei uns gibt es nur schlechten Kaffee und verstaubte Tischkarten?«

»N-nein«, stottere ich.

Sie mustert mich von Kopf bis Fuß. »Du bist genau wie dein Vater«, sagt sie dann. »Alles, was minderwertig ist, zieht euch magisch an. Billigangebote, Ladenhüter, Ramsch und Plunder – das ist eure Welt!«

»Ich kann die Karten ja umtauschen«, biete ich an.

»Umtauschen?« Sie lacht heiser. »Sonderangebote kann man nicht umtauschen. Nein, wir müssen neue Karten kaufen. Aber diesmal bezahlst du sie, von deinem Taschengeld!«

Es klingelt. Mit völlig veränderter Stimme ruft sie: »Oh, Frau Karschewski« und läuft zur Tür.

»Ich wollte nur, daß ihr beide zufrieden seid, du und Mutti«, sage ich zu Hanna. Sie sitzt auf der Couch und studiert das Kochbuch unserer Mutter.

»Nu-del-auf-lauf«, liest sie vor.

»Ich wollte, daß du nicht traurig bist und daß Mutti nicht wütend wird«, versuche ich es noch einmal.

»Nu-del-auf-lauf mit Ro-si-nen«, liest Hanna vor, als wäre ich überhaupt nicht vorhanden.

Ich balle die Fäuste. »Wenn es dir sowieso egal ist, hätte ich ja ruhig bedruckte Tischkarten nehmen können. Dann hätte ich jetzt wenigstens keinen Ärger mit Mutti!«

»Was muß ich hören?« ertönt da die Stimme von Frau Karschewski. »Du hast Ärger mit deiner Mutter?«

»Nein, nein«, sagt unsere Mutter schnell. »Keinen Ärger. Es geht nur um ein paar unbedeutende Tischkarten, die wir wieder umtauschen werden.«

»Man kann sie doch gar nicht wieder umtauschen«, bemerkt Hanna.

Einen Augenblick lang ist unsere Mutter sprachlos. Dann sagt sie kühl: »Das müssen wir auch gar nicht. Wir können es uns durchaus leisten, neue zu … kaufen!«

Ich habe das Gefühl, keine Luft mehr zu bekommen.

»Darf ich nach draußen gehen?« bitte ich.

»Bist du mit deinen Hausaufgaben fertig?« fragt unsere Mutter.

»Noch nicht ganz.«

»Dann werden zuerst die Hausaufgaben gemacht.«

Ich nicke und gehe in die Küche.

»Nu-del-auf-lauf mit Ro-si-nen und Ba-na-nen«, liest Hanna vor.

»Reizend«, schwärmt Frau Karschewski. »Ihre Kleine kann schon lesen, obwohl sie noch gar nicht zur Schule geht. Sie haben wirklich eine begabte Tochter.«

»Ja, begabt ist sie«, sagt unsere Mutter. »Aber auch sehr anstrengend.«

»So sind die Begabten alle«, erklärt Frau Karschewski, und flüsternd erzählt sie von Frau Unterbergers Tochter, die ihr Studium abbrechen und heiraten mußte.

Ich blicke in mein Rechenheft und wünsche mich weit weg, nach Indien oder nach Afrika. Aber mich tragen keine Elefanten davon.

Freitag, 4. Oktober

Am nächsten Morgen ermahnt mich unsere Mutter, auf dem Nachhauseweg unter keinen Umständen zu trödeln. Der Klassenabend beginnt um halb drei, aber einige der Damen treffen bereits früher ein. Muttis Klassenabend-Damen wohnen alle in der Stadt, in den besseren Vierteln. Wir wohnen nur im Vorort, weil unser Vater es beruflich zu nichts gebracht hat. Genaugenommen wohnen wir sogar nur im Vorort vom Vorort. Deshalb müssen die Damen auch zuerst mit der Bahn fahren und dann noch mit dem Bus. Und weil das eine halbe Weltreise ist, kommen die meisten früher. Einige kommen allerdings auch später, wie Tante Jessica, die ich am nettesten finde. Tante Jessica hat kaffeebraune Haut und schwarze krause Haare. Obwohl sie ein Mischlingskind ist, haben sie Jessica früher immer mitspielen lassen, sagt unsere Mutter.

Ich trödele eigentlich nie auf dem Nachhauseweg, aber heute beeile ich mich noch mehr. Bevor die Damen eintreffen, muß ich mich gründlich waschen, auch wenn wir gar keinen Sport hatten, und mich umziehen. Unsere Mutter hat meine Sachen schon herausgehängt: die blaue Clubjacke, die eigentlich zu warm ist für drinnen, die schwarze Hose, in die ich noch ein bißchen hineinwachsen muß, und das weiße Hemd mit dem steifen Kragen.

Für Hanna hat unsere Mutter in der letzten Woche sogar ein neues rosa Kleid gekauft. Hanna ist ganz aufgeregt, als sie es anziehen darf. Immer wieder bewundert sie sich in dem großen Flurspiegel.

»Wer wie ein Engel aussieht, muß sich aber auch so benehmen«, erinnert unsere Mutter sie.

Hanna nickt.

»Dann versprichst du, artig zu sein?«

»Ja«, sagt Hanna.

Um zehn Minuten vor zwei klingelt es. Unsere Mutter stößt einen erschreckten Schrei aus. Dabei sind wir seit einer halben Stunde fertig und warten nur darauf, daß es klingelt.

Hanna läuft voraus und öffnet.

Es sind Tante Ingeborg, Tante Ursula und Tante Marieluise.

»Schau an, ein kleiner Engel!« ruft Tante Ingeborg. Sie ist wie stets die Wortführerin, und sie ist auch die erste, die zwei Tafeln Schokolade aus ihrer Handtasche zieht, eine für Hanna, eine für mich.

»Danke«, sagen wir.

Hanna macht einen Knicks, ich mache einen Diener. Anschließend müssen wir noch zweimal danke sagen, weil Tante Ursula und Tante Marieluise natürlich auch Schokolade für uns haben. Das ist, finde ich, das Tollste am ganzen Klassenabend: Jede Dame bringt eine Tafel Schokolade mit. Beim letzten Klassenabend bekamen wir elf Tafeln. Aber diesmal werden es nur zehn sein, weil Tante Gisela vor einem halben Jahr viel zu früh in die Ewigkeit abgerufen wurde.

Muttis Damen kaufen nur die allerbeste Schokolade, mit Nüssen, Krokant, Nougat und Marzipan. Solche Schokolade muß man sich besonders gut einteilen, sagt unsere Mutter. Ich würde mit meinen Tafeln wahrscheinlich ein halbes Jahr auskommen, aber Hanna hätte ihre schon nach drei Tagen aufgegessen. Deshalb schließt unsere Mutter die Schokolade im Küchenschrank ein und gibt uns sonntags, falls wir uns gut benommen haben, einen oder zwei Riegel.

Es klingelt wieder. Diesmal sind es Tante Gretel, Tante Anni, Tante Rosemarie, Tante Karin, Tante Gertrud und Tante Hannelore.

Tante Jessica kommt als letzte, nachdem die anderen Damen schon an der Kaffeetafel Platz genommen haben.

Hanna und ich machen ihr die Tür auf. Zu meiner Überraschung gibt sie jedem von uns zwei Tafeln Schokolade.

»Die zweite Tafel ist von Tante Gisela«, sagt sie mit einem Augenzwinkern.

»Von Tante Gisela?« Ich spüre einen kalten Schauer. »Aber die ist doch –«

»Ja, Gisela ist jetzt im Himmel«, bestätigt Tante Jessica. »Und da oben geht es ihr viel, viel besser, glaub mir.«

»Besser?« wiederhole ich. Ich bin ganz verwundert, daß Tante Jessica so unbeschwert von Tante Gisela spricht. Unsere Mutter bekommt immer einen tragischen Blick und eine belegte Stimme, wenn es um Tante Gisela geht. Am liebsten möchte sie überhaupt nicht an sie erinnert werden, glaube ich.

»Jedem geht es im Himmel besser«, sagt Hanna.

»Jedem nicht«, widerspricht Tante Jessica. »Aber für Tante Gisela war es zuletzt nur noch eine Quälerei.«

»Was hatte sie denn?« frage ich. Unsere Mutter wollte uns nie erzählen, woran Tante Gisela gestorben ist.

»Sie hatte Krebs«, antwortet Tante Jessica. »Brustkrebs.«

In diesem Augenblick erscheint unsere Mutter. Sie wird ganz blaß und sagt: »Jessica! Diese schrecklichen Dinge müssen die Kinder nun wirklich nicht erfahren.«

»Aber Wolfgang hat mich doch gefragt, was Gisela hatte.«

»Trotzdem. Für diese Dinge ist er noch zu jung.«

»Zu jung? Ich finde, wer fragt, ist auch alt genug, um eine ehrliche Antwort zu bekommen!«

»Ja, Wolfgang vielleicht«, sagt unsere Mutter. »Aber Hanna nicht.«

»Ich weiß, was Brustkrebs ist«, meldet sich Hanna zu Wort. »Die Schwester von Frau Beckmann hatte auch Brustkrebs und mußte fünfmal operiert werden.«

Unsere Mutter macht ein ziemlich fassungsloses Gesicht. Aber gleich darauf lächelt sie wieder, und mit ihrer Klassenabend-Stimme sagt sie: »Komm, Jessica, gehen wir zu den anderen. Wir haben uns ja so viel zu erzählen!«

Sie hakt Tante Jessica unter. Beide verschwinden im Wohnzimmer, wo sie mit lautem Hallo begrüßt werden.

In der Aufregung über Tante Gisela hat unsere Mutter sogar vergessen, uns die Schokolade abzunehmen. Kaum ist sie gegangen, bricht Hanna einen Riegel von ihrer Pfefferminzschokolade ab und schiebt ihn sich in den Mund. »Hm, schmeckt gut«, sagt sie.

»Jetzt kriegst du bestimmt wieder Ärger mit Mutti«, warne ich sie.

»Wieso?« tut sie ahnungslos. »Mutti hat uns die Schokolade nicht weggenommen. Also dürfen wir sie essen.« Sie zeigt auf meine Tafeln. »Probier doch auch mal.«

Ich schüttele den Kopf.

»Und warum nicht?« Hanna steckt sich noch einen Riegel in den Mund.

»Weil wir gleich Kuchen und Kekse bekommen.«

»Schokolade schmeckt besser.«

»Hanna? Wolfgang?« ertönt da die Stimme unserer Mutter. »Wir vermissen euch.«

»Ja, wir vermissen euch. Wo bleibt ihr?« rufen die Damen.

»Wir kommen«, antworte ich hastig und gehe voraus. Als ich mich nach Hanna umdrehe, sehe ich, daß sie die angebrochene Tafel Schokolade in der untersten Schublade der Kommode versteckt.

Wie immer, wenn Klassenabend ist, hat unsere Mutter den Couchtisch ausgezogen. Aber selbst dann kann sie ihre Damen nur mit Ach und Krach unterbringen. Tante Gretel, Tante Anni, Tante Rosemarie und Tante Gertrud teilen sich die Couch, die eigentlich nur für drei gedacht ist. Tante Ingeborg und Tante Hannelore haben die besten Plätze: in den beiden Sesseln. Tante Ursula, Tante Karin, Tante Marieluise, Tante Jessica und unsere Mutter sitzen auf Stühlen. Hanna und ich können nur stehen.

Wir stehen aber gern, weil wir dann früher wieder gehen können.

Daß wir am liebsten schnell wieder gehen, hängt mit den Fragen zusammen, die uns die Damen stellen. Ich weiß meistens gar nicht, was ich antworten soll, weil unsere Mutter immer so kritisch zuhört und jedes Wort auf die Goldwaage legt. Und ich will auf keinen Fall etwas Falsches sagen. Leider weiß man bei unserer Mutter vorher nie genau, welche Antwort richtig oder falsch ist.

So wie jetzt, wo Tante Gretel fragt: »Und euer Vati ist wieder im Krankenhaus? Da seid ihr Kinder wohl sehr traurig?«

Ich überlege. Unsere Mutter sagt immer: Wenn du traurig bist, geht das niemanden etwas an.

Deshalb antworte ich ziemlich allgemein: »Vati wird wahrscheinlich am Dienstag entlassen.«

»Und bis dahin genießt ihr die Ruhe«, bemerkt Tante Ingeborg.

Ich vermute, daß das ein Scherz sein soll, aber sicher bin ich mir nicht. Also nicke ich nur. Ich ernte einen vorwurfsvollen Blick unserer Mutter. Bestimmt wird sie mir anschließend vorwerfen, ich hätte sie mit meiner Wortkargheit und Zugeknöpftheit blamiert.

»Habt ihr euren Vater schon besucht?« fragt Tante Jessica.

»Nein, noch nicht«, antwortet unsere Mutter. Mit einem entschuldigenden Lächeln fügt sie hinzu: »Ein Klassenabend bereitet sich schließlich nicht von allein vor.«

»Er ist ja auch bestens versorgt im Krankenhaus«, meint Tante Karin, und Tante Ursula sagt: »Inzwischen dürfte er sich dort besser auskennen als zu Hause.«

»So oft ist er nun auch nicht im Krankenhaus«, erwidert unsere Mutter.

»Morgen gehen wir ihn besuchen«, verkündet Hanna.

»Du hängst an deinem Vati, nicht wahr?« fragt Tante Ingeborg.

»Ja«, sagt Hanna.

»Die Töchter hängen immer an ihren Vätern«, erklärt Tante Karin.

»Dann könnt ihr eurem Vati ein paar schöne Stücke von der Torte mitbringen«, meint Tante Gertrud. »Als Asthmatiker darf er doch essen, was er will, oder?« wendet sie sich an unsere Mutter.

»Ja«, bestätigt sie.

»Sei froh«, sagt Tante Gretel. »Für meinen Alfred muß ich jetzt immer extra kochen. Der verträgt nur noch Schonkost.«

»Was hat Alfred denn?« fragt Tante Rosemarie.

»Magengeschwüre«, antwortet Tante Gretel.

»Bei meinem Karl haben sie gerade ein Dickdarmgeschwür festgestellt«, sagt Tante Gertrud.

»Aber es ist doch hoffentlich gutartig?« fragt Tante Ingeborg.

»Leider nicht.«

Einen Moment lang herrscht Stille.

Ich nutze die Gelegenheit, um zu fragen: »Dürfen wir jetzt gehen?«

»Nein.« Tante Jessica lacht. »Wir wollen noch ganz viel über deine Schule erfahren, Wolfgang.«

»Ja, das wollen wir«, bestätigt Tante Ursula. »Welches Fach ist denn deine Stärke?«

»Deutsch, glaube ich.«

»Das glaubst du nur?«

»Wolfgang stellt sein Licht immer unter den Scheffel«, erklärt unsere Mutter.

»Das hat er doch gar nicht nötig«, meint Tante Rosemarie.

»Nein, das hat er wirklich nicht nötig«, bestätigt unsere Mutter.

»Offenbar schlägt er ganz nach seinem Vater«, sagt Tante Ingeborg. »Heinz wirkt auch immer so weltfremd – als ob er in höheren Regionen schwebt.«

»Weltfremd würde ich Wolfgang nicht nennen«, widerspricht unsere Mutter. »Im Gegenteil. Sein Lehrer sagt, daß Wolfgangs Aufsätze schon eine innere Reife verraten, die man bei einem Jungen seines Alters nicht erwarten würde.«

»Nur eine innere Reife?« Tante Karin kichert. »Ich finde ihn rundherum schon sehr weit entwickelt.«

»Hat Wolfgang nicht in der nächsten Woche Geburtstag?« fällt Tante Ursula ein.

Ich nicke. »Am Sonntag.«

»Oh, dann wissen wir ja, was sein schönstes Geschenk wird!« ruft Tante Rosemarie.

»Und was?« fragt Tante Ursula. Offenbar weiß sie genausowenig wie ich, worauf Tante Rosemarie anspielt.

»Daß sein Vati aus dem Krankenhaus nach Hause kommt«, erklärt Tante Rosemarie.

»Ach so –« sagt Tante Ursula.

»Oder könnte es sein, daß Heinz doch noch länger im Krankenhaus bleiben muß?« wendet sich Tante Rosemarie an unsere Mutter.

»Nein, nein, auf keinen Fall«, erwidert unsere Mutter hastig.

»Und wie alt wirst du?« fragt mich Tante Anni.

»Dreizehn«, antworte ich.

»Dreizehn?« Tante Anni verdreht ihre Augen und singt: »Dreizehn Jahr, blondes Haar, so stand er vor mir.«

Mehrere Damen lachen. Ich merke, wie ich rot anlaufe.

»Und was macht Hanna, unser kleiner Engel?« fragt Tante Jessica.

»Tischkarten«, antwortet Hanna.

»Die ist von dir?« sagt Tante Marieluise überrascht und hält ihre Tischkarte mit dem goldenen Efeublatt hoch. Diese teuer aussehenden Karten hat unsere Mutter noch heute morgen eingekauft.

Hanna schüttelt den Kopf. »Nein. Ich habe welche für euch gemalt, mit meinen Buntstiften.«

»Du hast für uns Tischkarten gemalt?« sagt Tante Ingeborg. »Das ist aber eine zauberhafte Idee!«

Hanna lächelt geschmeichelt.

»Und warum stehen deine Karten nicht auf dem Tisch?« will Tante Rosemarie wissen.

»Wolfgang wollte lieber fertige Karten haben, aus dem Papiergeschäft.«

»Pfui, wie herzlos von dir!« Tante Karin sieht mich vorwurfsvoll an.

»Mutti hat mich ins Papiergeschäft geschickt«, verteidige ich mich. »Und dann hat sie selbst auch noch welche gekauft.«

»Ich weiß gar nicht, warum wir uns so lange mit diesen läppischen Tischkarten befassen«, sagt unsere Mutter gereizt.

»Läppisch finde ich sie nicht«, entgegnet Tante Jessica. »Wenn Hanna sich die Mühe gemacht hat, für uns Tischkarten zu malen, sollten sie auch auf dem Tisch stehen.«

Mehrere Damen stimmen zu.

»Warum holst du deine Tischkarten nicht?« fährt unsere Mutter Hanna an.

»Ich hab erst sechs fertig«, antwortet Hanna.

»Nur sechs?«

»Als Wolfgang mit den gekauften Karten kam, wollte ich nicht mehr weitermalen.«

»Dann mal doch jetzt die restlichen Tischkarten«, schlägt Tante Jessica vor.

Hanna blickt unsere Mutter an. »Dürfen sie auch wirklich auf dem Tisch stehen?«

»Das ist doch selbstverständlich.« – »Natürlich«, rufen die Damen.

Tante Hannelore nimmt ihre Tischkarte mit dem goldenen Efeublatt und steckt sie in ihre Handtasche.

»Siehst du?« sagt sie zu Hanna. »Nun bin ich ohne Tischkarte. Nun mußt du mir eine basteln.«

»Deine ist schon fertig.« Hanna lächelt verschmitzt.

»Und was ist mit meiner Karte?« fragt Tante Ingeborg.

»Die ... die ist noch nicht fertig.«

»Und meine?« fragt Tante Jessica. »Ich möchte unbedingt eine original Hanna-Tischkarte.«

»Deine?« Hanna blickt zur Decke, als müßte sie angestrengt nachdenken. »– ist fertig«, sagt sie.

Nun wollen auch die anderen Damen wissen, ob ihre Tischkarten fertig sind.

Unserer Mutter scheint es nicht zu gefallen, daß sich alles um Hanna dreht, denn sie sagt ziemlich barsch: »Warum gehst du nicht endlich und malst die fehlenden Karten?«

»Aber Liesel«, sagt Jessica. »Eine Künstlerseele darf man nicht drängen.«

»Künstler-Seele?« wiederholt unsere Mutter. »Mal bloß nicht den Teufel an die Wand!«

»Aber aufs Papier!« ruft Tante Ingeborg. »Ich möchte einen Teufel auf meiner Tischkarte haben, mit vielen schwarzen Haaren, großen Hörnern und einem langen, dicken Schwanz!«

Die Damen brechen in lautes Gelächter aus. Tante Gertrud hustet hinter ihrer Serviette.

»Darf ich nach draußen gehen?« frage ich unsere Mutter. Sie ist ganz rot im Gesicht, vom Lachen.

»Ja. Aber um fünf bist du wieder hier!« sagt sie.

Ich verspreche es.

Als ich um kurz vor fünf zurückkomme, sind das Kaffeegeschirr, der Kuchen und die Tischkarten mit dem Efeublatt verschwunden. Dafür stehen jetzt die von Hanna gemalten Karten auf dem Tisch, außerdem Flaschen und Gläser. Offenbar hat der, wie unsere Mutter es nennt, »gemütliche« Teil des Klassenabends begonnen.

»Auf dein Wohl, Wolfgang!« ruft Tante Karin und hebt ihr Glas.

»Ja, zum Wohl!« Nun heben auch die anderen ihre Gläser.

Die Flasche mit dem teuren Cognac, den man nur in winzigen Schlucken trinken soll, ist schon fast leer. Und auch vom Eierlikör ist nicht mehr viel da.

»Auf Wolfgang, den kleinen Mann im Haus!« ruft Tante Hannelore.

»Auch ein kleiner Mann kann einen großen –« fängt Tante Anni an. Dann hält sie sich die Hand vor den Mund.

»Großen was?« ruft Tante Gretel.

»– einen großen Schatten werfen«, vollendet Tante Anni. Alle lachen.

»Ein Mann, der will, kann mehr als zehn, die müssen«, verkündet Tante Marieluise.

Sie nimmt den Eierlikör und schenkt ihr Glas halbvoll. Dabei sagt unsere Mutter immer, unter vornehmen Leuten schenkt man nur so viel ein, daß der Boden gerade bedeckt ist.

»Na, wie wär's, Wolfgang?« Sie zwinkert mir zu. »Du willst doch bestimmt mal probieren?«

»Nein!« erwidert unsere Mutter.

»Wir haben früher immer Eierlikör bekommen, wenn unsere Eltern Gäste hatten«, sagt Tante Marieluise.

»Ach, deshalb …« kichert Tante Ingeborg.

»Was willst du damit sagen?« tut Tante Marieluise entrüstet.

»Damit will ich sagen: Prost!« Tante Ingeborg schenkt sich den Rest aus der Cognacflasche ein.

Unsere Mutter steht auf. »Wieso bist du eigentlich schon da?« fragt sie mich.

»Weil du gesagt hast, ich soll um fünf wieder hier sein.«

»So pünktlich hättest du nun wirklich nicht kommen müssen. Warum gehst du nicht noch ein bißchen nach draußen?«

»Aber es wird gleich dunkel.«

»Unsinn. Es wird noch lange nicht dunkel. Außerdem ist Hanna auch draußen.«

»Hanna ist draußen?«

»Ja. Wir möchten schließlich mal fünf Minuten unter uns sein, meine Damen und ich.«

Wahrscheinlich ist Hanna auf dem Wäscheplatz

und spielt Geschichtenball, überlege ich. Auf einmal habe ich ein schlechtes Gewissen, daß ich die ganze Zeit bei Manfred war.

»Dann geh ich sie jetzt suchen«, sage ich.

»Wer wird versucht?« fragt Tante Ingeborg.

»Wer nicht versucht wird, kann leicht fromm bleiben«, ruft Tante Anni.

Die Damen kreischen. Unsere Mutter verkneift sich ein Lachen. »Um sechs seid ihr wieder hier«, sagt sie zu mir. »Um halb sieben gibt es Abendbrot.«

Ich nicke.

Als ich die Wohnungstür öffne, höre ich Tante Anni rufen: »Eine offene Tür führt auch den Heiligsten in Versuchung!«

Schnell mache ich die Tür hinter mir zu.

Ich finde Hanna tatsächlich auf dem Wäscheplatz. Aber sie spielt nicht Geschichtenball. Sie sitzt auf der Bank und zeichnet mit einem Stock Linien in den Sand. Beim Näherkommen sehe ich, daß sie einen Engel malt.

Als Hanna meine Schritte hört, hebt sie den Kopf. »Wo bist du gewesen?«

»Bei Manfred«, antworte ich.

»Und wieso hast du mich nicht mitgenommen?«

»Du hast doch Tischkarten gemalt.«

»Ja, leider!«

»Mochten die Damen deine Tischkarten nicht?«

»Die Damen schon, besonders Tante Jessica. Aber

Mutti hat gesagt, ich hätte mir überhaupt keine Mühe gegeben. Dabei hab ich mir sogar extra viel Mühe gegeben, weil es nämlich ganz schön schwierig ist, Ziegen und Kakteen zu malen.«

»Ziegen und Kakteen?« wiederhole ich. »Vielleicht hättest du etwas anderes malen sollen, Blumen oder niedliche Tiere.«

»Ist eine Ziege etwa nicht niedlich?«

»Doch.«

»Und Kakteen können auch schöne Blüten kriegen.«

»Ja, aber sie sind ziemlich stachelig«, erinnere ich sie.

»So wie Tante Marieluises Bart«, sagt Hanna. »Puh, und damit hat sie mir einen Kuß gegeben!«

Ich muß lachen. Tante Marieluise hat wirklich einen Bart auf der Oberlippe. »Hast du auf ihrer Tischkarte den Kaktus gemalt?« frage ich.

Hanna schüttelt den Kopf. »Tante Marieluise hat ein Stachelschwein bekommen.«

»Wenn du Stachelschweine und Ziegen malst, kannst du wirklich nicht erwarten, daß alle begeistert sind«, bemerke ich.

»Tante Jessica findet meine Tischkarten herzerfrischend«, antwortet Hanna. »Aber die anderen Damen hätten keinen Muhor, hat sie gesagt.«

»Du meinst Humor«, verbessere ich.

»Am wenigsten Muhor hat Mutti!« fährt Hanna grimmig fort. »Sie hat gesagt: Wir sprechen uns noch, wenn der Klassenabend vorbei ist. Aber ich weiß genau, daß sie überhaupt nicht mit mir sprechen wird.«

Ich nicke. Das Schweigen unserer Mutter dauert manchmal tagelang. Im letzten Sommer zum Beispiel, als Hanna allein in der Wohnung war, hat sie auf dem Couchtisch mit Tuschfarben gemalt und vorher nicht die gute Tischdecke abgenommen. Das schmutzige Tuschwasser ist umgekippt, und die Tischdecke war ruiniert.

Aus Angst hat Hanna sie in der Mülltonne versteckt. Aber unsere Mutter hat natürlich alles herausbekommen, und anschließend hat sie eine ganze Woche lang nicht mit Hanna gesprochen, obwohl Hanna sich bei ihr entschuldigt hat.

»Vielleicht ist die Strafe diesmal nur ganz kurz«, sage ich. »Eigentlich wolltest du Mutti ja eine Freude machen mit den Tischkarten.«

»Andere haben sich auch gefreut, zum Beispiel Tante Jessica.« Hanna preßt die Lippen zusammen. »Weißt du, was ich den lieben Gott bald fragen werde?«

»Nein, was?«

»Weshalb ich ausgerechnet zu Mutti gekommen bin!«

»Das darfst du nicht fragen«, antworte ich erschrocken.

»Und wieso nicht?«

»Weil ... weil er bestimmt seine Gründe dafür gehabt hat.«

Hanna schüttelt den Kopf. »Bei mir hat sich der liebe Gott in der Adresse geirrt! Mich wollte er zu ganz anderen Eltern bringen!«

»Gott kann sich überhaupt nicht in der Adresse irren«, widerspreche ich.

»Und warum nicht?«

»Weil er Gott ist.«

»Jeder kann sich mal irren.«

»Aber nicht Gott!«

»Du glaubst, er hat mich mit Absicht bei Mutti abgeliefert, obwohl sie mich gar nicht haben wollte?«

»Mutti wollte dich haben«, antworte ich.

»Und warum sagt sie dann, ich bin ein Kuckucksei, das ihr ein böses Schicksal ins Nest gelegt hat?«

»Das sagt sie nur, wenn sie wütend ist.«

Hanna sieht mich finster an. »Immer verteidigst du sie!«

»Nein, tu ich nicht.«

»Doch. Immer bist du auf Muttis Seite.«

»Bin ich nicht.«

Eine Pause tritt ein.

Ich räuspere mich und sage: »Ich kann mir vorstellen, warum Gott dich hier abgeliefert hat.«

»So?«

»Ja. In der Schule sprechen wir jetzt sehr viel über

Engel.« Einen Moment lang bin ich versucht, ihr zu erzählen, daß wir einen Aufsatz über Engel schreiben müssen und daß ich beschlossen habe, über sie zu schreiben. Aber irgend etwas hält mich davon ab, und so frage ich nur: »Hast du schon mal von den drei Ebenen gehört, die es im Himmel gibt?«

»Weiß nicht.«

»Es gibt die erste Ebene mit den Seraphim und Cherubim, die sind Gott am nächsten. Auf der zweiten Ebene sind die Fürsten und Herrschaften, die verwalten des Universum. Die Erzengel und Schutzengel auf der dritten Ebene sind die Streiter gegen die Finsternis.«

Hanna sagt nichts, aber sie hört aufmerksam zu.

»Dann gibt es noch die vierte Ebene«, fahre ich fort. »Und zu der gehörst du.«

»Ich?«

»Ja. Auf der vierten Ebene sind die ganz kleinen Engel. Sie kommen zu den Familien, die sie besonders nötig haben.«

»Und was sollen die kleinen Engel bei den Familien?«

»Ihnen beibringen, wie man sich liebhat!«

»Wie man sich liebhat?« wiederholt Hanna.

Sie hebt ihren Stock vom Boden auf und malt die Flügel des Engels nach. »Und warum sollen ausgerechnet Engel das beibringen?« fragt sie.

»Weil sie viel mehr von Gottes Liebe abbekommen als die Menschen«, antworte ich. »Herr Findling hat gesagt, Gott besteht aus reiner Liebe, so wie ein Diamant aus reinem Kohlenstoff besteht. Und je dichter man an ihn herankommt, desto mehr bekommt man von seiner Liebe ab. Die Engel sind natürlich viel dichter an Gott dran als die Menschen.«

»Das hat Herr Findling gesagt?«

»Ja. Du bist zum Beispiel viel dichter an Gott dran als Mutti oder Vati oder ich.«

»Glaubst du?«

»Ja!«

Hanna denkt nach. »Mutti ist bestimmt am weitesten entfernt«, sagt sie dann.

»Am weitesten?« murmele ich unbehaglich. »Ich weiß nicht, ob man das so ausdrücken kann …«

»Doch! Sie hat mir Petrea weggenommen. Und daß sie mich so oft einsperrt, gefällt dem lieben Gott auch nicht!«

Ich scharre mit der Fußspitze im Sand. Was könnte ich darauf schon entgegnen?

»Vati ist auch ziemlich weit weg vom lieben Gott«, sagt Hanna. »Aber nicht so weit weg. Weil er jemanden liebhat, und zwar Mutti.«

»Ja, und uns hat Vati lieb«, ergänze ich. »Und Mutti hat uns ebenfalls lieb, auf ihre Art.«

»Das ist aber eine komische Art«, meint Hanna. »Eine, von der man gar nichts merkt.«

»Wir müssen alle lernen, wie man sich richtig liebhat«, antworte ich.

»Du glaubst, Mutti könnte das lernen?«

»Ja! Dafür werden die ganz kleinen Engel doch in die Familien geschickt!«

»Aber die ganz kleinen Engel brauchen auch Liebe«, erwidert Hanna. »Und nicht nur vom lieben Gott.«

Sie muß niesen. Plötzlich wird mir bewußt, daß sie viel zu dünn angezogen ist.

»Wir sollten gehen«, sage ich. »Es gibt sicher gleich Abendbrot.«

Ich habe keine Armbanduhr, und vom Wäscheplatz aus kann ich die Kirchturmuhr nicht sehen. Außerdem wird es langsam dunkel.

Hanna steht auf. »Und was passiert, wenn die kleinen Engel ihre Aufgabe erfüllt haben?« fragt sie. »Fliegen sie dann in den Himmel zurück?«

»Darüber habe ich noch gar nicht nachgedacht«, antworte ich wahrheitsgemäß.

»Aber bestimmt fliegen sie in den Himmel zurück, wenn sie ihre Aufgabe *nicht* erfüllen können!«

»Wie meinst du das?« frage ich.

»Es gibt doch auch hoffnungslose Fälle«, sagt Hanna. »Familien, in denen selbst die kleinen Engel nichts mehr ausrichten können.«

Ich habe auf einmal einen Kloß im Hals. »Aber wir sind keine solche Familie!«

»Wißt ihr, wie spät es ist?« Mit diesen Worten empfängt uns unsere Mutter an der Wohnungstür. Aus dem Wohnzimmer hören wir Gelächter und Geschirrklappern. Zigarettenrauch hängt in der Luft.

»Nein«, antworte ich.

»Kurz vor sieben! Und wann solltet ihr hiersein?«

»Um sechs.«

»Allerdings! Jetzt mußte ich das ganze Abendbrot allein vorbereiten.«

»Aber wir haben dir doch geholfen!« ruft Tante Jessica.

»Das war nun wirklich nicht eure Aufgabe«, entgegnet unsere Mutter. »Immerhin seid ihr meine Gäste.«

Zu uns sagt sie: »Und ihr geht zur Strafe ins Bett!«

»Sei doch nicht so streng«, bittet Tante Jessica.

»Doch. Strafe muß sein«, antwortet Tante Gretel.

»Ja. Strafe muß sein!« rufen mehrere Damen.

Wir machen Katzenwäsche, dann schiebt uns unsere Mutter an dem gedeckten Tisch vorbei zum Schlafzimmer. Als ich die Platten mit den belegten Broten und die Schüsseln mit den Wiener Würstchen und dem Kartoffelsalat sehe, merke ich plötzlich, wie hungrig ich bin.

»Sollen die beiden denn gar nichts bekommen?« fragt Tante Hannelore.

»Nein, heute nicht mehr«, erklärt unsere Mutter. »Im übrigen haben sie schon Zähne geputzt.«

»Bei Kindern muß man manchmal hart bleiben, auch wenn man es gar nicht möchte!« verkündet Tante Gretel. Mit den Fingern nimmt sie sich ein

Wiener Würstchen, tunkt es in das Senfglas und beißt hinein, daß der Saft nur so herausspritzt. »Hm, die sind wirklich knackfrisch«, schwärmt sie.

Hanna und ich sehen gebannt zu. Wir dürfen nicht mit den Fingern essen, und mit vollem Mund sprechen sollen wir auch nicht.

»Was ist?« fährt uns unsere Mutter an. »Wollt ihr nicht gute Nacht sagen?«

Im Chor sagen wir: »Gute Nacht! Und vielen Dank für die Schokolade!« Dann verschwinden wir im Schlafzimmer.

»Danke für die Tischkarte, Hanna!« ruft uns Tante Jessica hinterher.

»Was hast du eigentlich auf Muttis Tischkarte gemalt?« frage ich, als wir in unseren Betten liegen.

»Ein Herz«, antwortet Hanna.

»Darüber müßte Mutti sich doch gefreut haben.«

»Ich hab aber ein blaues Herz gemalt.«

»Ein blaues Herz? Und wieso?«

»Weil es ein gefrorenes Herz ist.«

»Hast du das auch zu Mutti gesagt?«

»Nein. Mutti hat noch nicht mal gefragt, warum es blau ist. Sie hat gesagt: Das ist ja wie bei Pik-As.«

»Pik-As?« wundere ich mich. »Aber Pik sind doch schwarze Karten.«

»Nein. Pik-As, der Maler.«

»Ach so, Picasso!« sage ich. »Der ist aber reich

und berühmt geworden. Eigentlich ist es ein großes Kompliment, mit ihm verglichen zu werden.«

»Mutti haßt Pik-As«, erwidert Hanna. »Und Tante Gretel hat gesagt, Mutti soll mit mir zum Augenarzt gehen, weil ich wahrscheinlich farbenblind bin.«

»Farbenblind? Du?«

»Ja. Aber Mutti hat gesagt, ich hätte völlig normale Augen. Leider wären meine Augen so ziemlich das einzige, was an mir normal wäre.«

»Das hat sie gesagt?«

»Mir hat es aber nichts ausgemacht«, behauptet Hanna. »Und Tante Jessica hat gesagt, sie findet, daß die Welt viel zu farblos ist und daß man für jeden dankbar sein sollte, der etwas Farbe hineinbringt, so wie sie und ich. Da waren die anderen Damen ganz verlegen. Und weißt du auch, warum?«

»Nein.«

»Tante Jessica ist doch selbst eine Farbige!«

»Stimmt.«

»Aber die anderen Damen tun immer so, als würden sie gnädig darüber hinwegsehen«, sagt Hanna im Tonfall unserer Mutter. »Dabei sind die Unterschiede nur äußerlich. Für den lieben Gott sind wir alle gleich, ob wir nun schwarze Haut haben oder weiße. Er guckt nämlich nach innen, ins Herz.«

»Ins blaue Herz?« versuche ich, einen Scherz zu machen.

»Ja. Um gefrorene Herzen kümmert er sich besonders«, antwortet Hanna.

»Na, siehst du!« sage ich.

»Was?«

»Wenn Gott sich besonders um gefrorene Herzen kümmert, dann kann er sich in deinem Fall gar nicht in der Adresse geirrt haben. Er hat dich bei Mutti abgeliefert, damit ihr Herz wieder auftaut.«

Hanna gibt keine Antwort.

Auf einmal höre ich, daß sie weint.

»Hanna?« frage ich besorgt.

»Laß mich«, flüstert sie.

»Warum weinst du denn?«

»Weil … weil ich gar kein Engel sein will.«

»Aber du bist ein Engel!«

»Mutti sagt, ich bin ein Satansbraten.«

»Das sagt sie nur, weil ihr Herz gefroren ist. – Und weil du es noch nicht aufgetaut hast«, füge ich hinzu.

»Und warum kann Vati es nicht auftauen?« Hannas Stimme zittert. »Oder du?«

»Wir haben es ja versucht. Aber es hat nicht geklappt. Und da hat Gott dich geschickt, seinen kleinsten Engel.«

»Und wenn ich nun gar kein Engel bin? Wenn ich einfach nur Hanna bin?«

»Du bist beides: Hanna und ein Engel!«

»Aber ich habe überhaupt keine Flügel.«

»Doch«, widerspreche ich. »Deine Flügel kann man nur nicht sehen, weil sie aus himmlischen Federn gemacht sind.«

»Aus himmlischen Federn?«

»Ja. Wenn die Engel auf die Erde kommen, sind ihre Flügel unsichtbar, sagt Herr Findling. Das hat Gott extra so eingerichtet, damit die Menschen sich nicht erschrecken.«

»Glaubst du, Engel können besser fliegen als Elefanten?« fragt Hanna.

»O ja!« antworte ich. »Engel können tausendmal besser fliegen. Elefanten fliegen nur bis nach Indien und zurück. Aber Engel fliegen zwischen dem Himmel und der Erde hin und her.«

»Dann möchte ich doch ein Engel sein!« flüstert Hanna.

Sie seufzt tief. »Nute Gacht.«

»Nute Gacht!« sage ich, und diesmal verbessere ich sie nicht.

Sonnabend, 5. Oktober

Anscheinend war der Klassenabend ein Riesenerfolg, denn ununterbrochen klingelt am nächsten Vormittag das Telefon. Es sind Muttis Damen, die sich bedanken möchten. So kommt sie gar nicht dazu, Hanna und mich wegen unseres Zuspätkommens zur Rede zu stellen.

Statt dessen ermuntert sie uns, bei den Resten ordentlich zuzugreifen. Das lasse ich mir natürlich nicht zweimal sagen. Zum Frühstück esse ich Schwarzwälder Kirschtorte, Würstchen mit Kartoffelsalat und Vanillepudding. Mittags esse ich noch ein Stück Torte, zwei Schinkenbrote, vier gefüllte Senfeier, zwei Pasteten und ein großes Stück Apfelkuchen.

Aber ich habe einen Pferdemagen, genau wie mein Vater, sagt unsere Mutter. Sie muß fasten, weil sie sich beim Klassenabend übernommen hat.

Ein bißchen komisch ist mir danach allerdings doch. Hanna hat zum Mittagessen nur ein halbes Stück Torte gegessen, und ihr ist auch komisch.

»Vielleicht war die Sahne schlecht«, sagt sie.

Ich schüttle warnend den Kopf, damit sie mit unserer Mutter keinen Streit anfängt.

»Und selbst wenn!« antwortet unsere Mutter. »Vati wird sie bestimmt noch schmecken. Der ist nicht so verwöhnt wie du.« Dann packt sie die letzten drei Stücke für unseren Vater ein, zusammen mit ein paar Broten, zwei Würstchen und dem restlichen Kartoffelsalat.

Zum Krankenhaus fahren wir mit dem Bus. Es gibt bei uns zwei Krankenhäuser, das Allgemeine und das Bethesda. Unser Vater liegt diesmal im Bethesda, in einem Sechserzimmer mit lauter alten Männern. Aber mit seinem Bett hat er Glück gehabt: Es steht am Fenster, und er kann rausgucken.

»Siehst du, wie schön das Laub gefärbt ist?« sagt er zu unserer Mutter.

»Jaja«, antwortet sie und schüttelt sein Kissen auf.

Er fängt an zu singen: »Bunt sind schon die Wälder, gelb die Stoppelfelder, und der Herbst beginnt.«

»Nicht! Laß den Unsinn!« Unsere Mutter blickt zu den anderen Betten hinüber. »Sonst kriegst du wieder einen Anfall.«

Unser Vater hustet ein bißchen, aber er kriegt keinen Anfall. Überhaupt sieht er schon wieder ziemlich gesund aus, nur noch etwas blaß und ungepflegt.

»Hättest du dich nicht wenigstens rasieren können?« hält unsere Mutter ihm vor. »Du wußtest doch, daß wir kommen.«

»Ja«, sagt er kleinlaut.

»Und gekämmt hast du dich auch nicht!« Sie holt ihren Kamm aus der Tasche und fährt ihm damit durchs Haar. »Was machst du bloß den lieben langen Tag?«

»Lesen«, antwortet er. »Und dichten!« fügt er hinzu.

»Sag doch mal dein neustes Gedicht auf, Heinz!« fordert ihn der alte Mann aus dem Nachbarbett auf, der keinen Besuch bekommen hat.

»Das ist Willi«, stellt unser Vater ihn vor.

Er duzt sich immer mit seinen Mitpatienten, sehr zum Ärger unserer Mutter. Sie sagt, er müßte sich überall anbiedern. Und zu den unteren Schichten würde er sich unwiderstehlich hingezogen fühlen.

Der alte Mann streckt unserer Mutter die Hand entgegen und sagt: »Willi Hansen. Angenehm.«

Sie gibt ihm die Hand und sagt ebenfalls: »Angenehm.« Es klingt aber nicht sehr erfreut.

»Heinz' Gedichte sind besser als die in den Lesebüchern«, schwärmt Herr Hansen.

Ich weiß nicht, ob er tatsächlich zu den unteren Schichten der Gesellschaft gehört. Aber mir gefällt, daß er so nett über die Gedichte spricht.

»Möchtest du, daß ich mein neues Gedicht aufsage?« fragt unser Vater und schaut unsere Mutter an.

»Nein!« antwortet sie schroff.

»Aber ich habe es für dich geschrieben! Es heißt: Liebesgedanken im Herbst.«

»Dann hat es ja Zeit, bis du wieder nach Hause kommst!«

»Enttäuschen Sie Heinz nicht«, bittet Herr Hansen. »Eine Strophe müssen Sie sich anhören!«

»Wie viele Strophen sind es denn?«

»Neun«, antwortet unser Vater stolz.

»Na gut. Eine.«

Unser Vater räuspert sich und verkündet mit feierlicher Stimme:

> *»Ein jeder Tag bringt die Gesundheit wieder,*
> *gibt dir zurück die große Kraft,*
> *das Blut strömt durch die kranken Glieder,*
> *hab nur Geduld, bald ist's geschafft.«*

Herr Hansen klatscht Beifall. Dann sagt er zu unserer Mutter: »Mit Heinz ist die hohe Kunst des Dichtens bei uns eingezogen.«

Unsere Mutter gibt keine Antwort. Sie holt ihre Puderdose aus der Handtasche und beginnt, sich die Nase zu pudern.

»Was hat der Opa?« wendet sich Hanna flüsternd an unseren Vater.

»Er hat ein Raucherbein.«

»Hatte!« verbessert Herr Hansen.

»Ja. Es mußte leider abgenommen werden«, erklärt unser Vater.

»Wie … abgenommen?« fragt Hanna.

»Ich bitte dich, Heinz!« sagt unsere Mutter. »Das ist nun wirklich nichts für Kinderohren.«

»Warum nicht? Kinder sollten ruhig frühzeitig

lernen, wie gefährlich das Rauchen ist«, antwortet Herr Hansen.

Er schiebt die Bettdecke zur Seite, und wir sehen, daß sein Bein oberhalb des Knies aufhört und mit dicken Verbänden umwickelt ist.

Unsere Mutter schreit auf.

»Wenn mir jemand vor fünfzig Jahren sein Raucherbein gezeigt hätte, wäre ich vielleicht Nichtraucher geblieben«, sagt Herr Hansen. »Aber jetzt kann ich froh sein, daß ich das andere Bein noch habe.«

»Ich muß mal nach draußen.« Unsere Mutter ist kreidebleich geworden. »Und du kommst mit«, sagt sie zu Hanna.

»Ich muß aber gar nicht«, erwidert Hanna.

»Wir wollen uns auch nur die Beine vertreten.«

»Ich möchte aber hierbleiben.«

»Dann geh ich eben alleine.« Unsere Mutter steht auf.

»Soll ich nicht mitkommen?« bietet sich unser Vater an.

»Nein, danke! Mit deinem unrasierten Gesicht bleibst du besser, wo du bist: unter deinesgleichen.«

»Aber hier im Krankenhaus sind fast alle unrasiert.«

»Leider! Das ist auch einer der Gründe, weshalb ich nicht gern herkomme.« Unsere Mutter nimmt ihre Handtasche und rauscht aus dem Zimmer.

Als sie gegangen ist, sagt Herr Hansen: »Heinz, deine Frau hat Haare auf den Zähnen!«

»Nicht, Willi! Die Kinder!« Unser Vater hat plötzlich Mühe, Luft zu bekommen. Er holt seinen Püster aus dem Nachttisch und fängt an zu püstern.

»Was bedeutet: Haare auf den Zähnen?« wendet sich Hanna an Herrn Hansen.

»Was es bedeutet?« Ratsuchend sieht er unseren Vater an, aber der kann nicht sprechen, weil er püstert. »Es bedeutet, daß jemand immer – ähm – frei heraus sagt, was ihm nicht gefällt.«

»Dann hat unsere Mutter keine Haare auf den Zähnen«, bemerkt Hanna. »Sie sagt nie frei heraus, wenn ihr etwas nicht gefällt. Sie sagt dann überhaupt nichts mehr.«

Unser Vater hat den Püster abgesetzt. »So ist Mutti nun mal …« erwidert er, nach Luft ringend. »Und man muß … die Menschen so nehmen, wie sie sind.«

»Mutti nimmt uns auch nicht so, wie wir sind!« erklärt sie.

»Ja, weil ihr … noch Kinder seid! Und Kinder müssen … erzogen werden!

»Kinder müssen gar nicht gezogen werden«, sagt Hanna trotzig.

»Nicht ge-zogen, sondern er-zogen!« antwortet Herr Hansen. »Ziehen kann man nur mit Gewalt, Erziehen nur mit Liebe.«

»Ich wußte gar nicht, daß du … ein Philosoph bist, Willi«, sagt unser Vater.

Herr Hansen lächelt. »Wenn man bald ein Stelldichein mit dem lieben Gott hat, so wie ich, dann denkt man schon etwas mehr über die Welt und die Menschen nach.«

»Du hast ein Stelldichein mit dem lieben Gott?« fragt Hanna. »Wo denn?«

»Im Himmel natürlich.«

»Dann bist du ein Engel?«

»Nein. Jedenfalls noch nicht«, antwortet Herr Hansen. »Kennst du dich denn mit Engeln aus?«

Sie nickt.

»Hanna ist selbst ein Engel«, verrate ich.

»Du bist ein Engel?«

»Ja«, sagt Hanna mit ernster Miene.

»Aber du hast doch gar keine Flügel.«

»Wenn die Engel auf der Erde sind, kann man ihre Flügel nicht sehen, weil sie aus himmlischen Federn gemacht sind«, erklärt Hanna.

»Das hat Gott so eingerichtet, damit die Menschen keine Angst vor den Engeln bekommen«, ergänze ich.

»Tatsächlich?« sagt Herr Hansen.

»Wer erzählt euch bloß so etwas?« fragt unser Vater und püstert wieder.

»Das haben wir in der Schule besprochen«, antworte ich.

»Wenn du ein Engel bist, könntest du mir eigentlich einen Gefallen tun«, sagt Herr Hansen zu Hanna.

»Und welchen?«

»Du könntest im Himmel anfragen, ob sie nicht ein Paar Flügel übrighaben. Weißt du, mit einem Bein ist das Laufen verdammt mühsam.«

»Das mache ich«, verspricht Hanna. Sie zeigt auf die Armstützen, die neben dem Bett von Herrn Hansen stehen. »Dann brauchst du keine Krücken mehr!«

»Nein, wenn ich erst mal Flügel habe, brauche ich keine Krücken mehr«, bestätigt er.

»Du solltest Hanna nicht diese ... verrückten Ideen in den Kopf setzen, Willi«, sagt unser Vater.

»Was denn für verrückte Ideen?«

»Dieses Gerede über ... Engel. Ich glaube kaum, daß es ... für Hanna gut ist.«

»Ist es denn nicht schön, einen kleinen Engel in der Familie zu haben?« entgegnet Herr Hansen.

»Mutti sagt, ich bin ein Satansbraten«, wirft Hanna ein.

Herr Hansen schmunzelt. »Siehst du? Das meint man, wenn man sagt, jemand hat Haare auf den Zähnen.«

In diesem Augenblick wird die Tür geöffnet. Es ist unsere Mutter. Herr Hansen greift nach seinen Armstützen und humpelt zur Tür. Als er an unserer Mutter vorbeikommt, blickt sie demonstrativ in die andere Richtung.

Sie setzt sich. »Ein Glück, daß wir wieder unter uns sind. Manche Menschen sind wirklich eine Zumutung.«

»Wohin will Opa Hansen?« fragt Hanna.

Unser Vater püstert. »Ins ... Raucherzimmer.«

»Was?« rufe ich. »Er raucht immer noch?«

»Ja. Für ihn ist es ... zu spät zum Aufhören, sagt er.«

»Es ist niemals zu spät zum Aufhören«, widerspricht unsere Mutter. »Aber er hat wahrscheinlich eingesehen, daß es um ihn nicht schade ist.«

»Das ... darfst du nicht ... sagen!« entgegnet unser Vater.

»So? Und warum nicht?«

»Man soll niemandem etwas ... Schlechtes wünschen. Weil es sonst ... auf einen selbst zurückfällt.«

»Demnach müßtest du anderen ja ständig Schlechtes wünschen – so oft, wie du krank bist«, bemerkt unsere Mutter.

Unser Vater atmet ein paarmal keuchend, dann püstert er.

Sie steht auf. »Wir sollten jetzt gehen«, sagt sie zu uns. »Vati braucht seine Ruhe.«

»Aber ...« Er püstert. »Die Besuchszeit ist noch gar nicht ... zu Ende.«

Wir gehen trotzdem. Unser Vater schaut uns ganz traurig hinterher, obwohl auf seinem Nachttisch jetzt all die leckeren Reste vom Klassenabend stehen und darauf warten, gegessen zu werden.

Im Flur sehen wir Herrn Hansen, aber unsere Mutter verbietet uns, zu ihm hinzulaufen und auf Wiedersehen zu sagen.

»Es ist schon schlimm genug, daß Vati sich zu diesem Pöbel hingezogen fühlt«, sagt sie.

»Sind Pöbel Menschen, die sich Flügel wünschen?« will Hanna wissen.

»Die meisten Menschen wünschen sich Flügel«, antwortet unsere Mutter. »Aber Pöbel sind sie deswegen noch lange nicht.«

»Wünschst du dir auch Flügel?« fragt Hanna.

»Davonfliegen möchte ich jedenfalls öfter, als du dir vorstellen kannst!« sagt unsere Mutter.

Später, als wir im Bett liegen, fragt Hanna: »Hättest du gedacht, daß Mutti sich Flügel wünscht?«

»Na ja –« Ich räuspere mich. »Mutti ist mit ihrem Leben auch nicht so glücklich.«

»Aber Mutti könnte glücklich sein«, antwortet Hanna. »Sie darf machen, was sie will, und wird nie eingesperrt. Und ihre Puppe würde keiner wegnehmen und in die Mülltonne werfen. – Alle Erwachsenen könnten glücklich sein!« fügt sie hinzu.

»So einfach ist es leider nicht«, erwidere ich. »Vati hat seinen Chef. Und Mutti muß mit Vati zurechtkommen und mit uns und mit der kleinen Wohnung und mit den Nachbarn und mit Herrn Locher.«

Herr Locher ist unser Hausmeister.

»Aber Mutti hat sich Vati und die Wohnung selbst ausgesucht!« sagt Hanna.

»Ja, schon«, gebe ich ihr recht. »Die Enttäuschung kommt auch meistens erst später. Mutti hat zum Beispiel vor der Hochzeit nicht gewußt, daß Vati Asthma hat. Und bei der Wohnung mußten sie die nehmen, die sie sich leisten konnten. Und so ist es mit allem. Man stößt immer an Grenzen und ist nie wirklich frei. «

»Auch nicht, wenn man erwachsen ist?«

»Nein.«

Hanna denkt nach. »Aber die Engel stoßen nicht an Grenzen«, sagt sie dann. »Engel sind wirklich frei!«

»Ja, Engel sind wirklich frei«, bestätige ich.

Sie seufzt erleichtert. »Wie schön, daß ich ein Engel bin. Ich hasse es nämlich, wenn ich mich stoße!«

Nach einer Pause fragt sie: »Was denkst du, wohin Mutti fliegen würde?«

»Ich weiß nicht ...«

»Glaubst du, daß sie uns mitnehmen würde?«

»Natürlich!« antworte ich, obwohl ich mir da keineswegs sicher bin.

»Ich glaube, Mutti würde ganz allein fliegen«, sagt Hanna. »Sie hat nämlich keinen von uns lieb.«

»Doch. Sie hat uns lieb!« widerspreche ich. »Sie hat uns auf ihre Art lieb.«

»So wie Sibirien?«

Ich huste verlegen. »Eben … auf ihre Art.«

»Aber liebhaben kann man nur mit Wärme«, sagt Hanna. »Wie Spanien oder Italien.«

»In Sibirien wird es im Sommer auch warm«, antworte ich – nicht sehr originell, aber etwas Besseres ist mir nicht eingefallen.

»Meinst du, daß es im Himmel immer warm ist?«

»O ja! Im Himmel herrscht ewiger Frühling, sagt Herr Findling.«

»Ich mag es, wenn es warm ist«, sagt Hanna. »So warm wie unter meinem Federbett!«

Kurz darauf verraten ihre gleichmäßigen Atemzüge, daß sie eingeschlafen ist.

Dienstag, 8. Oktober

Am Morgen wird unser Vater aus dem Krankenhaus entlassen. Er kann wieder richtig gut durchatmen, aber trotzdem ist er noch bis zum Wochenende krankgeschrieben.

Ich finde es immer toll, wenn ein Vater mittags auf seine Kinder wartet. Unser Vater ist leider schon wieder im Keller, als ich aus der Schule komme.

Aber unsere Mutter sagt, solange er krankgeschrieben ist, sollte er besser nicht draußen herumlaufen. Er könnte beobachtet werden, und dann würde er vielleicht seine Stellung verlieren. Und wenn er im Keller sitzt, stört er auch nicht bei den Vorbereitungen für meine Geburtstagsfeier am Sonntag. Dabei gibt es gar nicht viel vorzubereiten. Ich habe nur Manfred und Hartmut eingeladen, und die auch nur zu Kakao und Kuchen und einem Ausflug auf den Wasserturm.

Hanna möchte am Sonntag unbedingt neben Manfred sitzen. Aber das soll ich ihm nicht verraten.

Ich würde ihm sowieso nichts sagen. Er findet kleine Mädchen lästig.

Mittwoch, 9. Oktober

Ich mache am Küchentisch meine Hausaufgaben, als es klingelt. Unsere Mutter öffnet die Tür. Es ist Hanna, die draußen vor dem Haus gespielt hat. Ich höre sie laut schluchzen.

»Kann man nicht mal fünf Minuten seine Ruhe haben?« stöhnt unsere Mutter.

»Aber Olaf hat mir einen Stein an den Kopf geworfen!« antwortet Hanna. »Und jetzt blute ich!«

»Du blutest?« wiederholt unsere Mutter. Sie kann es nicht leiden, wenn wir mit irgendwelchen Verletzungen nach Hause kommen – wahrscheinlich, weil unser Vater schon so viel krank ist.

»Ja! Oben auf dem Kopf!«

Ich spähe um die Ecke, kann aber nur unseren Vater erkennen, der auf der Couch sitzt. Er ist erst vor kurzem aus dem Keller zurückgekommen.

»Es blutet überhaupt nicht mehr«, erklärt unsere Mutter. »Du brauchst also gar nicht so ein Theater zu machen!«

»Es tut aber weh!« beklagt sich Hanna.

»War das Olaf Schäfer?« fragt unser Vater.

»Ja«, bestätigt Hanna.

Die Schäfers wohnen im Nachbareingang und

sind ziemlich unbeliebt. Sie bilden sich ein, daß sie etwas Besseres sind, weil Herr Schäfer Abitur hat, sagt unsere Mutter. Dabei hätte unser Vater auch fast das Abitur gemacht.

»Dieser Lump, dieser Taugenichts!« schimpft unser Vater.

»Heinz!« weist unsere Mutter ihn zurecht.

»Na warte, diesem Tunichtgut werde ich die Hammelbeine langziehen!« ruft er. »Dem werde ich aufs Dach steigen, daß es nur so kracht im Gebälk.«

Unser Vater regt sich immer so schnell auf. Dann stößt er fürchterliche Drohungen aus, die einem das Blut in den Adern gefrieren lassen. Aber in die Tat setzt er sie nicht um. Das weiß auch unsere Mutter.

»Du?« Sie lacht spöttisch. »Wenn du bei den Leuten ankommst, wirst du keinen Ton mehr herausbringen. Weil du dann nämlich wieder einen deiner Asthmaanfälle haben wirst.«

»Werde ich … nicht.« Unser Vater hustet.

»Und außerdem bin ich fest davon überzeugt, daß es Hanna war, die den Streit vom Zaun gebrochen hat«, erklärt unsere Mutter.

»Nein! Habe ich nicht!« ruft Hanna.

»Wahrscheinlich hat Olaf sie nicht beachtet, und da hat sie versucht, ihn mit frechen Redensarten auf sich aufmerksam zu machen.«

»Nein!« widerspricht Hanna.

»Doch«, antwortet unsere Mutter. »Und wenn du

94

jetzt auch noch lügst, gehst du zur Strafe ins Badezimmer!«

Eine Pause tritt ein.

»Ich verstehe nicht, warum du nicht willst, daß
ich diesen Leuten mal die Meinung sage«, bemerkt
unser Vater dann.

»Weil ich deinetwegen schon genug Schwierigkeiten hier im Haus habe«, antwortet unsere Mutter.

»Was denn für Schwierigkeiten?«

»Klatsch, Tratsch ...«

»Und worüber?«

»Worüber?« Sie lacht auf. »Findest du es etwa
normal, daß bei uns ständig der Krankenwagen
kommt?«

»Nein«, sagt unser Vater und atmet ein paarmal
keuchend.

»Außerdem bist du krankgeschrieben. Und ich
möchte nicht, daß uns irgend jemand bei Herrn
Schellack anschwärzen kann!«

Herrn Schellack gehört das Brillengeschäft, in
dem unser Vater arbeitet.

Kurz darauf verläßt unser Vater die Wohnung, aber
nur, um wieder in den Keller zu gehen.

Hanna setzt sich mit ihrem Malblock zu mir an
den Küchentisch. Eigentlich bin ich bei meinen
Hausaufgaben lieber ungestört. Aber diesmal sage
ich nichts, weil mir Hanna leid tut.

Sie hat ein richtiges Loch im Kopf, und ich verstehe nicht, wie unsere Mutter sagen kann, daß sie »Theater« macht.

»Ich habe nichts getan«, flüstert sie mir zu. »Es war alles Olafs Schuld!«

Ich nicke. »Ja, ich weiß.«

Donnerstag, 10. Oktober

Am Ende der Deutschstunde, in der wir uns Dias mit Abbildungen von Engeln angesehen haben, schreibt Herr Findling an die Tafel:

Wer ist eigentlich Gott?

Mehrere in meiner Klasse kichern. Susanne ruft: »Ein alter Opa mit einem langen Bart.«

Ich glaube, das ärgert Herrn Findling. Jedenfalls bricht er die Diskussion ab und sagt, wir sollen uns zu Hause schriftlich darüber Gedanken machen.

»Und bitte, keine Albernheiten!« ermahnt er uns.

Auf dem Nachhauseweg frage ich Manfred, ob er schon weiß, was er schreiben wird.

»Nein«, antwortet er. »Aber ich hab ein tolles Buch aus der Bücherei. Da brauch ich nur abzuschreiben.«

»Herr Findling möchte aber unsere *eigenen* Gedanken über Gott kennenlernen«, erwidere ich.

»Und wenn ich gar keine eigenen Gedanken habe?«

»Du denkst nie über Gott nach?«

»Nein. Du etwa?«

Ich räuspere mich. »Ja, manchmal.«

»Warum sollte ich über jemanden nachdenken, der sich hinter 70 000 Schleiern versteckt?«

»Steht das in dem Buch?« frage ich.

»Ja. Hinter 70 000 Schleiern aus Licht und Dunkelheit.«

»Wenn du dich so genau an diese Schleier erinnern kannst, denkst du doch über Gott nach!«

»Ja, aber nur, weil wir das Thema in der Schule behandeln. Und weil meine Eltern mein Taschengeld kürzen wollen, wenn ich noch mal 'ne Fünf nach Hause bringe.«

»Glaubst du denn an ... Engel?« frage ich vorsichtig.

Er grinst. »Meinst du, an blonde Engel mit großem Busen, wie in den Magazinen von meinem Vater?«

»Nein!« Ich merke, daß ich rot geworden bin. »An richtige Engel – solche, von denen Herr Findling immer spricht.«

»Und du?« antwortet er. »Glaubst du daran?«

Ich nicke.

»Das mußt du auch«, bemerkt er. »Schließlich schreibst du die Einsen und Zweien.«

»Nicht deshalb«, antworte ich.

»Und weshalb dann?«

»Weil es Engel wirklich gibt! Weil man sie sehen und hören und fühlen kann!«

»Fühlen meinetwegen«, sagt Manfred, breit grinsend. »Aber sehen und hören … nein, danke.«

»Warte nur ab«, entgegne ich. »In wenigen Tagen wird ein richtiger Engel neben dir sitzen!«

»Neben mir?« tut er erschrocken.

»Ja! Und der Engel kann es kaum erwarten, bis er, nein, sie! neben dir sitzen darf.«

»Oh, ein weiblicher Engel! Ist sie hübsch?«

»Ja …«

»Groß oder klein?«

»Klein.«

»Dick oder dünn?«

»Eher dünn.«

»Und du sagst, sie wird schon in den nächsten Tagen neben mir sitzen?«

»Ja.«

»Wann genau?«

»Das darf ich dir nicht verraten.«

»Ihr scheint ja in sehr engem Kontakt zu stehen, du und dein geheimnisvoller Engel«, bemerkt Manfred.

»Könnte man so sagen.« Ich muß lachen.

Damit wecke ich sein Mißtrauen. »Erzähl mir bloß nicht, daß es deine kleine Schwester ist!« ruft er.

Ich beiße mir auf die Lippen.

»Ist es deine kleine Schwester?«

»Nein!« behaupte ich. Schließlich habe ich Hanna versprochen, daß ich Manfred nichts verraten werde.

»Und welcher Engel soll dann neben mir sitzen?« will Manfred wissen.

»Angelika«, behaupte ich.

»Angelika?«

»Ja. Sie hat mir gesagt, daß sie unbedingt neben dir sitzen möchte.«

»Diese Giftnudel?« erwidert Manfred. »Die ist nun ganz bestimmt kein Engel!«

»Aber sie heißt so. Angelika bedeutet Engelchen«, sage ich.

Manfred verdreht die Augen. »Wenn du wüßtest, wie mir euer ewiges Gerede über Engel auf den Geist geht …«

Und das ist das letzte, was ich zum Thema Gott und Engel aus ihm herauslocken kann.

Am Nachmittag sind Hanna und ich allein zu Hause. Unser Vater ist bei Dr. Bienstein, und unsere Mutter macht Einkäufe. Hanna wäre gern mit zum Einkaufen gegangen. Aber unsere Mutter hat heute morgen, als ich in der Schule war, die Tafel Schokolade gefunden, die Hanna beim Klassenabend in der Kommode versteckt hatte. Oder besser gesagt: das, was noch von der Schokolade übrig war. Zur Strafe hat Hanna Stubenarrest bekommen.

Jetzt sitze ich am Küchentisch und zerbreche mir den Kopf, was ich zum Thema Gott schreiben könnte. Es ist jedenfalls viel schwieriger, als ich geglaubt habe. Und meine Gedanken sind eigentlich zu persönlich, um sie aufzuschreiben. Im übrigen sind es keine klaren, fest umrissenen Gedanken. Aber Gott ist auch nichts Klares und Festumrissenes, finde ich. Gott ist das Komplizierteste und Unbegreiflichste, was man sich nur vorstellen kann.

Nein, was man sich gerade nicht vorstellen kann ...

Als mir überhaupt nichts einfallen will, rufe ich: »Du mußt mir helfen!« ins Wohnzimmer hinüber.

Dort liegt Hanna auf dem Teppich und schaut sich die Illustrierten unserer Mutter an.

»Wobei?« ruft sie zurück.

»Wir müssen einen Hausaufsatz schreiben zu dem Thema: Wer ist eigentlich Gott.«

»Das ist aber eine komische Hausaufgabe.«

»Allerdings!«

»Und was hast du geschrieben?« fragt Hanna.

»Bisher noch nichts«, antworte ich. »Es ist das schwierigste Thema, das uns Herr Findling jemals gestellt hat.«

»Schwierig finde ich es nicht«, entgegnet sie.

»Nicht?«

»Nein. Kein bißchen.«

»Dann sag mir doch, was ich schreiben soll!«

Hanna erscheint in der Küche.

»Schreib einfach: Gott ist Gott!« schlägt sie vor.

»Gott ist Gott?« wiederhole ich. »Das klingt aber nicht besonders tiefsinnig.«

»Und wieso nicht? Ein Geheimnis ist auch nur ein

Geheimnis, wenn es ein Geheimnis ist. Und genauso ist es mit dem lieben Gott.«

»Ich glaube nicht, daß Herr Findling damit zufrieden wäre!«

»Ist doch egal, ob Herr Findling damit zufrieden ist.« Hanna setzt eine trotzige Miene auf. »Hauptsache, es stimmt.«

»In der Schule ist das nicht die Hauptsache«, korrigiere ich sie. »Da mußt du schreiben, was dein Lehrer hören will.«

»Und was will Herr Findling hören?«

»Etwas Kluges, Gebildetes. Zum Beispiel, daß Gott sich hinter 70 000 Schleiern versteckt.«

»Da hat der liebe Gott es ja ganz schön schwer mit dem Durchgucken!« Hanna kichert.

»Heißt das, Gott versteckt sich nicht hinter 70 000 Schleiern?« frage ich erwartungsvoll – in der Hoffnung, endlich ein paar Einzelheiten zu erfahren.

Doch Hanna antwortet nur vieldeutig: »Er kann sich hinter 70 000 Schleiern verstecken. Er kann sich aber auch in dieser Blume verstecken.« Sie zeigt auf den Topf mit dem Fleißigen Lieschen, der auf unserer Fensterbank steht.

»Gott? In dieser vertrockneten Blume?«

»Sicher«, sagt Hanna, als wäre es das Selbstverständlichste auf der Welt. »Gott kann schließlich alles.«

»Aber er schlüpft garantiert nicht in Blumen. Noch dazu in halb verwelkte.«

»Das muß er auch gar nicht«, erklärt Hanna. »Weil er nämlich schon in der Blume drin ist.«

»Wie bitte?«

»Ja. Der liebe Gott ist überall drin. In allem!«

»Dann müßte er ja auch in Herrn Findlings rotem Füller sein, mit dem er mir morgen eine Fünf oder Sechs in sein kleines schwarzes Buch schreiben wird«, bemerke ich.

Hanna nickt ganz ernsthaft. »Natürlich.«

»Kannst du mir nicht wenigstens verraten, wie Gott aussieht?« bitte ich.

Sie schüttelt den Kopf. »Denkst du, ich könnte durch so viele Schleier durchgucken?«

»Das mit den Schleiern habe ich dir gerade erzählt!« entgegne ich. »Wenn du mir helfen willst, mußt du mir schon ein paar Neuigkeiten erzählen – irgendwelche außergewöhnlichen Dinge, die nur ein kleiner Engel wissen kann.«

»Ich hab dir alles gesagt, was ich weiß.« Hanna wendet sich zum Gehen. »Und Gott ist in Herrn Findlings Füller, das kannst du mir ruhig glauben!«

»Jaja«, sage ich. »Wer's glaubt, kriegt auch 'ne Fünf.«

Aber eine Fünf darf ich genausowenig nach Hause bringen wie Manfred. Und so sehe ich schließlich doch in dem dicken Lexikon nach, das wir von unserem Großvater geerbt haben.

Dort steht:

»Gott ist das aus sich selbst seiende personale Abso-
lute, die nur in Gedanken unterscheidbare Gesamt-
heit seiner geoffenbarten Eigenschaften, das voll-
kommene Sein. Gott ist unendlich an Verstand und
Willen. Gott ist unveränderlich neben der von ihm
geschaffenen Zeit und allgegenwärtig in dem von
ihm geschaffenen Raum.«

Das klingt sehr gut und sehr gebildet. Aber gebrau-
chen kann ich es leider nicht, weil Herr Findling
sofort merken würde, daß es nicht meine eigenen
Gedanken sind. Und wenn er herausfindet, daß wir
etwas einfach nur abgeschrieben haben, gibt er uns
eine Sechs.

Ich seufze tief.

»Hast du noch immer nichts geschrieben?« fragt
Hanna aus dem Wohnzimmer.

»Nein.«

»Warum schreibst du nicht, daß Gott ein Vulkan
ist?«

»Ein Vulkan?«

»Ja. Ein Vulkan, der bis zum Kater voll mit Liebe
ist, die er dann – womm! – in die Welt explodieren
läßt!«

»Es heißt nicht Kater, sondern Krater«, verbessere
ich. »Und wenn ich so etwas schreibe, versetzt mich
Herr Findling – womm! – in die erste Klasse
zurück!«

»Er muß ja ein ziemlicher Miesepeter sein, dein

Herr Findling«, meint Hanna. »Mit dem würde mir die Schule keinen Spaß machen.«

»Spaß soll sie dir auch gar nicht machen.«

»Und wieso nicht?«

»Weil es der Zweck der Schule ist, dir etwas beizubringen.«

»Und warum mußt du dann schreiben, wer Gott ist?« fragt Hanna. »Wenn es der Zweck der Schule ist, dir etwas beizubringen, muß Herr Findling dir doch erklären, wer der liebe Gott ist.«

»Na ja, wahrscheinlich weiß Herr Findling auch nichts Genaues«, fügt sie mit einem Kichern hinzu. »Und deshalb will er von euch Schülern ein paar gute Tips bekommen.«

»Wahrscheinlich.« Ich seufze noch einmal. »Würdest du mich jetzt bitte in Ruhe nachdenken lassen?«

»Aber mir ist gerade etwas ganz Tolles eingefallen!« Hanna kommt in die Küche gelaufen. »Etwas, das sogar Herrn Findling gefallen wird!«

»Und das wäre?« frage ich.

»Schreib, daß der liebe Gott der größte Maler aller Zeiten ist, noch viel besser als Pik-As!«

»Ob das Herrn Findling gefallen würde …«

»Aber der liebe Gott ist der größte Maler. Er hat mehr Farben als alle anderen Maler zusammen!«

»Ich würde nicht sagen, daß Gott ein Maler ist«, erwidere ich.

»Und warum nicht?« fragt Hanna. »Denk doch

mal daran, wie die Bäume jedes Jahr im Herbst bunte Blätter bekommen. Dann muß der liebe Gott tausend oder noch mehr verschiedene Rots und Brauns und Gelbs haben.«

»Ja, aber Gott malt die Blätter nicht an. Er läßt sie ganz einfach wachsen. Eher könnte man sagen, daß Gott der größte Gärtner aller Zeiten ist. Aber in Wirklichkeit ist er natürlich viel mehr.«

»Was denn noch?«

»Wie soll ich das erklären …?« Ich überlege. »Weißt du noch, als wir im letzten Jahr die Sonnenblumen gepflanzt haben?«

Hanna nickt.

»Weißt du auch noch, wie wir das gemacht haben?«

»Ja. Wir haben Sonnenblumenkerne in die Erde gesteckt«, antwortet sie.

»Genau. Und woher hatten wir die Sonnenblumenkerne?«

»Aus dem Samengeschäft.«

»Richtig. Und woher kriegt das Samengeschäft sie?«

»Vom lieben Gott?«

»Nein. Von einer Gärtnerei, die Sonnenblumen anbaut. Aber diese Gärtnerei hat sie, wenn du so willst, von Gott. Weil Gott die Pflanzen geschaffen hat – und damit auch die Sonnenblumen.«

Hanna sieht mich nachdenklich an. »Ich glaube, du bist auch ein Engel!«

»Ich? Bestimmt nicht! Das müßte ich doch wissen, oder?«

»Nein, wieso«, antwortet sie. »Ich wußte ja auch nicht, daß ich ein Engel bin.«

»Mit Sicherheit bin ich kein Engel!« Ich zeige ihr die leere Seite in meinem Heft. »Siehst du? Das ist es, was ich über Gott weiß: gar nichts.«

Hanna schüttelt den Kopf. »Du weißt viel mehr über den lieben Gott als ich.«

»Nein!«

»Doch! Du hast gewußt, daß die Gärtnerei die Sonnenblumen vom lieben Gott bekommt. Ich hab gedacht, es wäre das Samengeschäft.«

»Das wußte ich nur, weil wir in der Schule ständig über das Thema sprechen«, erkläre ich.

»Soll ich dir verraten, warum ich außerdem noch glaube, daß du ein Engel bist?« fragt sie.

Ich spüre ein gewisses Unbehagen. »Wenn du möchtest …«

»Dich hat der liebe Gott zuerst zu Mutti geschickt, damit du ihr Herz auftauen solltest. Aber dann hat er gemerkt, daß du es allein nicht schaffst, weil Muttis Herz so furchtbar gefroren ist. Wahrscheinlich ist ihr Herz das kälteste auf der ganzen Welt. Und da hat der liebe Gott mich als Verstärkung hinterhergeschickt.«

Mir ist plötzlich ganz komisch. »Ich geh mal nach draußen, an die frische Luft«, sage ich.

»Oh, ich auch!« ruft Hanna.

»Nein, du mußt hierbleiben. Mutti hat verboten, daß du die Wohnung verläßt.«

»Aber jetzt ist Mutti weg. Da kann ich machen, was ich will!«

»Nein, kannst du nicht«, widerspreche ich. »Mutti hat gesagt, du stehst unter meiner Aufsicht.«

»Und wie willst du mich besichtigen, wenn du nach draußen gehst?« fragt Hanna herausfordernd.

»Ich soll dich nicht be-sichtigen, ich soll dich be-auf-sichtigen. Und ich werde auch nicht lange draußen bleiben.«

»Dann komme ich erst recht mit.«

»Und wenn Mutti dich sieht?«

Hanna zuckt mit den Schultern. »Bestimmt nicht. Mutti braucht immer eine Ewigkeit zum Einkaufen.«

Aber draußen vor dem Haus wirkt sie nicht mehr so selbstbewußt. Ständig blickt sie zur Straße, und schon nach wenigen Minuten murmelt sie: »Wir sollten lieber reingehen.«

»Hast du jetzt Angst bekommen?« frage ich.

»Nein«, behauptet sie. »Mir ist nur kalt.«

Also gehen wir in die Wohnung zurück. Dort blättert Hanna wieder in den Illustrierten unserer Mutter, und ich versuche, ein paar kluge Gedanken zum Thema Gott in mein Heft zu schreiben.

Ich habe gerade geschrieben: »Gott kann man nicht erklären, weil er das Absolute in Person ist«, als die Wohnungstür aufgeschlossen wird. Dann höre ich die Stimmen unserer Eltern.

»War Hanna brav?« fragt unsere Mutter, nachdem sie ihren Mantel an die Garderobe gehängt hat.

»Ja«, antworte ich.

»Und hat sie sich an den Stubenarrest gehalten?« Ich zögere.

»Was ist? Hast du die Sprache verloren?« schimpft sie.

»Nein …« Ich überlege, was ich sagen soll. Möglicherweise erkundigt sich unsere Mutter bei den Nachbarn, ob wir draußen waren. Und ich möchte auf keinen Fall bei einer Lüge ertappt werden – auch nicht Hanna zuliebe.

Andererseits will ich verhindern, daß Hanna wieder im Badezimmer eingesperrt wird. Und das würde sie, falls unsere Mutter herausbekäme, daß sie die Wohnung verlassen hat.

»Mir war plötzlich so schwindlig«, sage ich. »Und da bin ich mal kurz an die frische Luft gegangen.«

»Hab ich's doch geahnt …« sagt unsere Mutter. »Und unser Fräulein Ungehorsam ist einfach mitgegangen, wie? Obwohl sie Stubenarrest hat!«

»Hanna wollte gar nicht«, behaupte ich. »Aber ich konnte sie ja nicht allein lassen, weil sie unter meiner Aufsicht stand.«

»Das war doch sehr verantwortungsvoll von Wolfgang«, bemerkt unser Vater.

»Verantwortungsvoll?« Unsere Mutter lacht heiser. »Ich habe einen ganz anderen Verdacht!«

»Und welchen?«

»Die beiden haben sich gelangweilt. Und da wollten sie sich draußen vor der Tür ein bißchen Abwechslung verschaffen.«

»Aber jedem kann mal schwindlig werden«, meint unser Vater.

»Ja, in dieser engen Wohnung kann einem wirklich schwindlig werden!« sagt unsere Mutter, und mit einer heftigen Bewegung reißt sie das Fenster auf.

Zu meinem Erstaunen ist das alles, was passiert. Hanna wird nicht im Badezimmer eingesperrt, und von dem gebratenen Hähnchen, das unsere Eltern mitgebracht haben, bekommt sie auch etwas ab.

»Und du bist doch ein Engel«, flüstert sie mir zu. »Mein Schutzengel!«

»Nein, kein Engel«, widerspreche ich. »Aber dein Beschützer!«

Nach dem Essen setze ich mich mit meinem Deutschheft wieder an den Küchentisch. Unsere Mutter haßt es, wenn ich spät abends noch Hausaufgaben mache. Aber heute bleibt mir nichts anderes übrig.

»Wolfgang?« ruft sie aus dem Wohnzimmer. »Machst du etwa noch Hausaufgaben?«

»Ja«, gestehe ich.

»Hattest du nicht genug Zeit?«

»Doch.«

»Aber du hast lieber gefaulenzt, wie?«

»Ich habe nicht gefaulenzt. Ich … es liegt am Thema.«

»An welchem Thema?« Sie kommt in die Küche.

Ich zeige auf die Überschrift in meinem Heft: »Wer ist eigentlich Gott?« und den einen Satz, den ich bisher geschrieben habe.

»Mehr ist dir nicht eingefallen?« fragt sie vorwurfsvoll.

»Bis jetzt noch nicht«, gebe ich zu.

Sie nimmt mein Heft. »Das Absolute in Person … Um so einen Blödsinn zu schreiben, brauchst du den ganzen Nachmittag?«

»Das Thema ist Blödsinn!« ruft unser Vater aus dem Wohnzimmer.

»Halt du dich da raus!« erwidert unsere Mutter.

»Aber diese Themen gehören nicht in die Schule«, beharrt unser Vater. »Ich bin strikt dagegen, daß die Kirche schon bei den Schulkindern auf Seelenfang gehen darf. Und nur, damit sie noch mehr Kirchensteuer einstreichen können!«

»Und selbst wenn!« sagt unsere Mutter. »Das hilft uns jetzt auch nicht weiter. Oder willst du, daß Herr Findling morgen früh vor der versammelten Klasse erklärt, daß wir eine Familie von gottlosen Heiden sind?«

»Nein«, sagt unser Vater.

»Na also!« Unsere Mutter setzt sich. »Wie lang soll dein Aufsatz werden?«

»Eine Seite«, antworte ich. »Ungefähr.«

Sie überlegt eine Weile. Dann sagt sie: »Radier deinen Satz wieder aus.«

Ich gehorche.

»Und nun schreibst du, was ich dir diktiere:

»In der heutigen Zeit, wo der einzelne Mensch kaum noch Muße findet, sich mit geistigen Dingen zu beschäftigen, ist die Frage ›Wer ist eigentlich Gott?‹ ein dankbares und wichtiges Thema, das man allgemein behandeln kann oder auch als persönliches Bekenntnis. Man könnte Gott als Anker bezeichnen, der uns in der Brandung des modernen Lebens Halt gibt, auf daß wir keinen Schiffbruch erleiden und an den rauhen Klippen des Alltags zerschellen. Gerade in der heutigen schnellebigen Zeit mit all ihren Versuchungen und Gefahren ist ein fester Halt, eine feste Burg wichtiger denn je. Daher heißt es auch: ›Ein feste Burg ist unser Gott‹.«

Sie bricht ab. »Das dürfte reichen«, meint sie.

»Eigentlich hätte der Text ja von dir kommen müssen«, bemerkt sie, an unseren Vater gerichtet. »Immerhin willst du in unserer Familie der Dichter sein.«

Er hustet. »Aber nicht für solche Fragen.«

»Jaja«, antwortet sie. »Wenn man sich auf dich verlassen würde, wäre man verlassen.«

»Doch …«

»Aber das war das letzte Mal«, kündigt sie an. »In Zukunft mußt du sehen, wie du deine Hausaufgaben ohne mich machst!«

Sie steht auf und verschwindet in Richtung Badezimmer.

»Kannst du nicht ein bißchen Rücksicht auf Mutti nehmen?« hält mir unser Vater vor. »Du weißt doch, daß sie heute Wäsche hat.«

»Ja«, sage ich verlegen.

Wenn unsere Mutter Wäsche hat, ist sie immer schlecht gelaunt, wahrscheinlich, weil sie dann ständig zwischen dem Waschsalon am Ende der Straße und unserer Wohnung hin- und herlaufen muß. Außerdem verträgt sie das viele Bücken und das schwere Heben nicht.

Zum Glück ist heute unser Vater zum Helfen da. Normalerweise hat unsere Mutter nur Hanna und mich. Wir ziehen immer den Handwagen mit den Wäschekörben und dem Waschpulver darauf, den unser Vater für sie zusammengebaut hat.

Nur heute will sie uns nicht dabeihaben.

»Das Waschen ist schon anstrengend genug«, erklärt sie. »Da müßt ihr mir nicht auch noch im Weg stehen.«

»Aber ich möchte mitgehen!« sagt Hanna. »Es ist so lustig, wenn die nassen Sachen in der Trommel herumwirbeln.«

»Lustig?« wiederholt unsere Mutter. »Warte nur

ab, bis du selbst einen Mann und zwei Kinder hast, für die du die schmutzige Wäsche waschen mußt. Dann wirst du es nicht mehr so lustig finden.«

»Vielleicht habe ich später gar keinen Mann und keine Kinder«, entgegnet Hanna.

Unsere Mutter lacht spöttisch. »Du denkst wohl, dir würde eine Extrawurst gebraten! Aber das Leben nimmt keine Rücksicht auf das, was du möchtest.«

»Genau«, pflichtet unser Vater ihr bei. »Das Leben stellt dich auf deinen Platz und sagt: So, du kleiner Mensch, nun beiß in den sauren Apfel!«

»Allerdings«, sagt unsere Mutter. »Und sauer ist oftmals noch geschmeichelt. In manchen Fällen ist es sogar ein ziemlich fauler Apfel!«

Dabei sieht sie unseren Vater an. Er hustet verlegen, erwidert aber nichts.

Kurz darauf brechen unsere Eltern zum Waschsalon auf.

»Was glaubst du: Warum hat Mutti uns beide bekommen?« fragt Hanna, als wir allein sind.

»Warum?« wiederhole ich. »Weil sie mit Vati verheiratet ist.«

»Aber Frau Beckmann ist auch verheiratet. Und Kinder hat sie trotzdem nicht.«

»Sie kriegt vielleicht noch welche.«

»Nein. Frau Beckmann hat gesagt, daß es schon zu viele unglückliche Kinder auf der Welt gibt und daß sie lieber welche adoptieren möchte.«

»Tatsächlich?«

»Ja. Und weißt du, was ich sie da gefragt habe?«

»Nein, was?«

»Ich hab sie gefragt, ob sie nicht uns beide nehmen will, dich und mich!«

»Das hast du gefragt?« sage ich erschrocken.

Hanna nickt.

»Wenn Mutti das erfährt, wird sie bestimmt sehr, sehr wütend sein!« halte ich ihr vor.

»Mutti erfährt es ja nicht«, antwortet Hanna. »Frau Beckmann will uns nämlich nicht. Sie möchte Waisenkinder adoptieren, die überhaupt keine Eltern mehr haben.«

»Eben!« sage ich erleichtert. »Und wir haben Eltern. Eltern, die uns liebhaben«, füge ich hinzu. »Auf ihre Art.«

»So wie Alaska«, bemerkt Hanna.

»Nein, nicht immer«, widerspreche ich. »In den letzten Tagen war es wie Dänemark.«

»Aber bei Mutti kann ganz schnell wieder ein Schneesturm losbrechen.«

»Vor allem, wenn du Frau Beckmann fragst, ob sie uns adoptieren will!«

Hanna setzt eine gekränkte Miene auf. »Frau Beckmann sagt, Kinder adoptieren ist viel schwieriger als selber kriegen. Ich möchte später auch Kinder adoptieren. Wahrscheinlich kann ich auch gar keine eigenen kriegen.«

»Und weshalb nicht?«

»Weil Engel keine Kinder kriegen. Oder hast du schon mal einen Engel mit einem dicken Bauch gesehen?« Hanna kichert.

»Nein.« Ich spüre, daß ich rot geworden bin. »Ich hab auch erst einen einzigen Engel gesehen: dich.«

»Richtig gesehen hast du mich noch nicht«, entgegnet sie.

»Wie meinst du das: richtig?«

»Du hast mein himmlisches Gefieder noch nicht gesehen.«

»Ja, das stimmt.«

»Aber wahrscheinlich ist es besser, wenn du es nicht siehst. Weil du dich furchtbar erschrecken würdest.«

»Nicht bei dir«, widerspreche ich.

»Aber vielleicht habe ich riesengroße Flügel.«

»Nein. Du hast bestimmt ganz kleine Flügel.«

»Glaubst du?« Hanna lächelt.

»Ich würde meine Flügel so gern selbst mal sehen!« sagt sie nach einer Pause. »Ich hab den lieben Gott auch schon gebeten, daß er sie mir zeigt – nur ganz kurz, wenn ich am Flurspiegel vorbeigehe. Ich will nämlich unbedingt wissen, welche Farbe sie haben. Am liebsten hätte ich weiße Flügel, mit ein bißchen Rosa darin. Aber darauf hat der liebe Gott überhaupt nicht geantwortet.«

»Antwortet er sonst immer?« Ich merke, daß mein Herz schneller klopft.

»Meistens«, sagt Hanna.

»Und wie hört sich seine Stimme an?« frage ich. »Ist sie tief, wie die von Vati? Oder eher hoch, wie die von Herrn Findling?«

»Sie hört sich überhaupt nicht an.«

»Das verstehe ich nicht!«

»Die Stimme vom lieben Gott ist eine Innendrinstimme«, erklärt Hanna.

»Eine Innendrinstimme? Was bedeutet das?«

»Es bedeutet, daß man nur innendrin hört, was der liebe Gott sagt.«

»Spricht er nicht mit Worten, so wie du und ich?«

»Nein. Das ergäbe auch ein schönes Durcheinander!«

»Wieso?« frage ich.

»Weil die Menschen ganz viele verschiedene Sprachen sprechen. Da müßte der liebe Gott ja hundert oder noch mehr Sprachen lernen.«

»Aber das dürfte er doch spielend schaffen«, sage ich. »Immerhin ist er Gott!«

»Und die Sprachen der Tiere müßte er auch noch können«, ergänzt Hanna. »Nein, das wird dem lieben Gott zuviel. Deshalb spricht er zu dir mit deiner Innendrinstimme.«

»Zu mir?« Ich schüttle den Kopf. »Zu mir hat Gott noch nie gesprochen.«

»Doch. Du hast es nur vergessen«, antwortet sie. »Oder die Drumherumstimmen waren zu laut.«

»Welche Drumherumstimmen?«

»Die anderen Stimmen. Sie können so laut werden, daß du überhaupt nicht merkst, daß da innendrin noch eine Stimme ist – und zwar die wichtigste von allen.«

»Aber was für andere Stimmen sind das? Und was sagen sie?«

»Bei Herrn Müller sagen sie zum Beispiel, daß er Bier und Schnaps trinken soll.«

»Und was sagen sie bei dir?«

»Bei mir?« Hanna denkt nach. »Nicht viel«, antwortet sie dann. »Ich befehle ihnen immer, still zu sein, damit ich meine Innendrinstimme hören kann.«

»Und diese Innendrinstimme ist in jedem Menschen?«

»Ja«, bestätigt Hanna.

»Dann kann jeder mit Gott sprechen?«

»Ja.«

»Also auch Mutti!«

»Mutti?« Hanna zögert. »Ich glaube, bei Mutti sind die Drumherumstimmen zu laut.«

»Und was sagen die Drumherumstimmen bei Mutti?«

»Oh, ganz viel. Daß sie einen guten Eindruck bei den Nachbarn machen muß, daß sie ihren Klassenabend-Damen nur das Allerbeste anbieten darf, daß sie immer gut frisiert sein soll und daß sie Vati nicht erlauben darf, in alten, ausgebeulten Hosen herumzulaufen.«

»Besonders viel finde ich das aber nicht«, bemerke ich. »Mit diesen Drumherumstimmen müßte Mutti ihre Innendrinstimme noch gut verstehen können.«

»Wahrscheinlich liegt es bei Mutti auch nicht an den Drumherumstimmen«, meint Hanna. »Wahrscheinlich ist Mutti innendrin zu sehr gefroren. Durch eine so dicke Eisschicht dringt nicht mal mehr die Stimme vom lieben Gott.«

»Ja, und deshalb hat Gott dich zu uns geschickt!« sage ich. »Zum Auftauen, damit Mutti wieder ihre Innendrinstimme hören kann!«

»Der liebe Gott hat uns beide geschickt«, erwidert Hanna.

»Nein, mich nicht«, wehre ich ab. »Ich wußte ja nicht einmal, daß es eine Innendrinstimme gibt.«

Hanna sieht mich prüfend an. »Du willst bloß kein Engel sein!«

»Damit hat es nichts zu tun, ob man will oder nicht«, entgegne ich.

»Und womit dann?«

»Ob man ein Engel *ist* oder nicht. Man könnte sich noch so sehr wünschen, ein Engel zu sein, und trotzdem würde man kein Engel werden!«

»Und wenn man sich wünschen würde, *kein* Engel mehr zu sein – müßte man dann trotzdem ein Engel bleiben?«

»Ja«, sage ich. »Wünschst du dir denn, kein Engel mehr zu sein?«

»Manchmal …« antwortet sie.

»Aber am Sonntag hast du gesagt: Wie schön, daß ich ein Engel bin«, erinnere ich sie. »Und gerade eben hast du noch überlegt, wie deine Flügel wohl aussehen.«

Sie preßt die Lippen zusammen und sagt nichts.

»Denk doch mal an all die Vorteile, die du als Engel hast: Du kannst fliegen, du lebst ewig und stirbst nie!« führe ich an. »Und vor allem: Du bist ganz nah an Gott!«

»Aber die Aufgaben, die man bekommt, sind so schwierig«, erwidert Hanna. »Und dann …«

Sie bricht ab, und ich sehe Tränen in ihren Augen. »Und dann möchte ich auch nicht immer so allein sein. Warum kannst du nicht mein Mitengel sein?«

Plötzlich habe ich eine ganz trockene Kehle. »Weil ich kein Engel bin!« entgegne ich mit rauher Stimme.

Hanna blickt zum Fenster. »Eigentlich sind Engel nie allein«, sagt sie leise. »Frau Beckmann hat ein Buch mit Engelbildern, und da sind die Engel immer zusammen.«

»Aber nur im Himmel«, antworte ich. »Wenn die Engel zu den Menschen geschickt werden, sind sie auf sich allein gestellt.«

»Deshalb ja.« Hanna fährt sich mit der Hand über die Augen. »Deshalb wäre ich lieber kein Engel mehr!«

»Ob man ein Engel ist oder nicht, kann man sich aber nicht aussuchen«, erkläre ich. »Und wenn die

Engel ihre Aufgabe bei den Menschen erfüllt haben, kehren sie ja auch in den Himmel zurück. Und im Himmel treffen sie die anderen Engel wieder. Das ist dann ihre Belohnung.«

»Was?«

»Das Wiedertreffen im Himmel!«

Hanna blinzelt. »Haben die Engel in Frau Beckmanns Buch deswegen so glückliche Gesichter?«

»Ja«, sage ich. »Sie sind so glücklich, weil sie auf der Erde gewesen sind und den Menschen geholfen haben!«

»Und was passiert mit den Engeln, die bei den hoffnungslosen Fällen waren?«

»Welche hoffnungslosen Fälle meinst du?« frage ich.

»Die Familien, in denen sogar die kleinen Engel nichts mehr ausrichten können«, antwortet Hanna.

»Ach, die –«

»Glaubst du, daß diese Engel im Himmel trotzdem glücklich sind, auch wenn sie es nicht geschafft haben, den Menschen beizubringen, wie man sich liebhat?«

»O ja«, versichere ich. »Im Himmel sind alle Engel glücklich, ganz gleich, bei welchen Familien sie vorher gewesen sind!«

»Nur auf der Erde waren die Engel nicht glücklich, genausowenig wie ich jetzt …« sagt Hanna leise.

Es gibt mir einen Stich. »Aber ein bißchen glücklich bist du schon, oder?« entgegne ich. »Ein kleines bißchen?«

Sie schüttelt stumm den Kopf.

»Übermorgen, an meinem Geburtstag, wirst du bestimmt sehr glücklich sein«, versuche ich sie aufzumuntern. »Wenn du dann erst mal neben Palme-auf-dem-Kopf sitzt ... Ich bin sicher, er wird sich riesig freuen!«

»Glaubst du?«

»O ja. Wer würde sich nicht freuen, neben einem Engel zu sitzen?«

»Ich fände es besser, wenn er sich freuen würde, neben Hanna zu sitzen!« antwortet sie.

»Aber das ist doch ein und dasselbe«, sage ich, als ich höre, daß die Wohnungstür aufgeschlossen wird.

Ich stehe auf. »Das war das längste Gespräch meines Lebens«, flüstere ich Hanna zu.

»Wolfgang?« Unsere Mutter erscheint im Wohnzimmer. »Du sollst Vati beim Tragen helfen.«

»Ja, Mutti!«

Sonnabend, 12. Oktober

Wenn unsere Mutter Wäsche hatte, bügelt sie meistens am darauffolgenden Nachmittag. Aber diesmal verschiebt sie es auf den Montag, weil unser Vater dann wieder zur Arbeit gehen muß und keiner beim Bügeln stört, außer Hanna.

Mittags gibt es Gulasch und Salzkartoffeln, das Lieblingsgericht unseres Vater. Ich esse es aber auch sehr gern. Nur Hanna nicht, sie mag keine Salzkartoffeln und kein Fleisch. Unsere Mutter füllt trotzdem eine ziemlich große Portion auf Hannas Teller und sagt, daß sie sich mit dem Essen beeilen und nichts übriglassen soll. Aber Hanna ißt nur in winzigen Häppchen.

Schließlich, als wir anderen längst fertig sind und darauf warten, daß wir zu unserem geplanten Nachmittagsspaziergang aufbrechen können, nimmt unsere Mutter ihr den Teller weg und stellt ihn unserem Vater hin.

»Und zur Strafe, weil du so schlecht gegessen hast, wirst du heute beim Spaziergang kein Eis bekommen«, kündigt sie an.

»Ich will sowieso nicht mitgehen«, antwortet Hanna.

»Du willst nicht mitgehen?« wiederholt unsere Mutter. »Ach, und dann wird in unserer Abwesenheit die ganze Wohnung auf den Kopf gestellt! Nein, mein Fräulein, das kommt überhaupt nicht in Frage.«

»Aber nur spazierengehen ist langweilig«, erwidert Hanna. »Und wir gehen immer denselben Weg.«

»Ja, weil man auf diesem Weg nicht so viele Leute trifft«, erklärt unser Vater. »Außerdem ist die Waldluft gesund.«

»Sonjas Familie fährt jedes Wochenende mit ihrem Auto aufs Land oder in die Berge«, sagt Hanna.

Sonja wohnt am Ende der Straße. Hanna spielt manchmal mit ihr, aber das sieht unsere Mutter nicht gern. Sie sagt, daß von Sonja ein schlechter Einfluß ausgeht.

Unsere Mutter hat einen roten Kopf bekommen. »Und weil diese Sonja ein Auto hat und wir nicht, bist du auf einmal zu fein, um mit uns spazierenzugehen, wie?«

»Nein«, sagt Hanna. »Ich möchte nur lieber zu Hause bleiben und malen.«

»Und mir noch mehr Tischdecken ruinieren!« Unsere Mutter schüttelt ärgerlich den Kopf. »Nein, du gehst mit. – Und keine weitere Diskussion!« schneidet sie Hanna das Wort ab.

»Außerdem kann ihr ein bißchen Sonne nur guttun«, sagt unser Vater. »Willi hat schon gefragt, ob Hanna krank ist, weil sie so blaß aussieht.«

»Welcher Willi?«

»Willi Hansen, mein ehemaliger Bettnachbar, der mit dem Raucherbein.«

»Ach, der –« sagt unsere Mutter verächtlich. »Was der so alles daherschwatzt …«

Aber Hanna ist wirklich sehr blaß, das fällt mir unterwegs richtig auf.

Andererseits kann ich mir einen Engel mit sonnengebräunter Haut auch nicht vorstellen. Allein bei dem Gedanken daran muß ich lachen.

»Was findest du so komisch?« will unsere Mutter wissen.

»Ach –« sage ich. »Gerade habe ich überlegt, ob es wohl braungebrannte Engel gibt.«

»Engel nicht«, antwortet sie. »Aber Satansbraten wie Hanna – die kriegen schwarze Haut, vom Höllenfeuer!«

»Was hab ich denn gemacht?« fragt Hanna.

»Was du gemacht hast?« Unsere Mutter schnauft zornig. »Du bist aufsässig und verstockt, du ißt deinen Teller nicht leer, und du gibst aufgeblasenen Wichtigtuern den Vorzug vor deinen eigenen Eltern – und nur, weil diese Wichtigtuer ein … Auto haben!«

»Aber Liesel«, mischt sich unser Vater ein. »Wir wollen uns doch nicht streiten.«

»Streiten?« Unsere Mutter lacht heiser. »Ich streite mich nicht!«

»Außerdem möchte ich gern schwarze Haut kriegen«, verkündet Hanna. »Dann ziehe ich nämlich zu Tante Jessica!«

»Hanna!« sage ich erschrocken.

Auch unsere Mutter macht ein fassungsloses Gesicht.

Unser Vater räuspert sich. »Das war aber sehr ungezogen von dir!« wirft er Hanna vor. »Merkst du denn nicht, wie weh du Mutti damit tust?«

Hanna reckt trotzig den Kopf.

»Laß nur, Heinz«, sagt unsere Mutter. »Sie wird schon sehen, was sie von ihrem Benehmen hat!«

Für den Rest des Spaziergangs schweigt unsere Mutter. Es ist ein unheilvolles Schweigen, das wie eine dunkle Gewitterwolke über Hannas Kopf schwebt. Aber Hanna tut, als würde es ihr nichts ausmachen. Sie sammelt bunte Herbstblätter und steckt sie zu einem Kranz zusammen, den sie sich aufs Haar setzt.

»Soll ich dir auch einen Kranz flechten?« fragt sie mich.

»Nein, danke«, erwidere ich verlegen.

In unserer Wohnung angekommen, muß Hanna den Kranz in den Mülleimer werfen. Anschließend sperrt unsere Mutter sie im Badezimmer ein. Dort bleibt Hanna, bis es Zeit ist, ins Bett zu gehen.

»Morgen hat Mutti bestimmt bessere Laune«, tröste ich sie, als wir im Bett liegen.

»Glaubst du?« sagt Hanna zweifelnd.

»Ja«, antworte ich. »An meinem Geburtstag hat Mutti immer gute Launc!«

Sonntag, 13. Oktober

Ich werde um halb sechs wach und bin richtig aufgeregt. Dabei weiß ich doch, daß unsere Eltern diesmal kein Geld für große Geschenke hatten.

Vielleicht bin ich so aufgeregt, weil sich am Geburtstag alles um das Geburtstagskind drehen soll. Es ist wie mit dem Muttertag.

Am Muttertag bleibt unsere Mutter immer im Bett liegen, und wir machen das Frühstück. Wenn wir fertig sind, wecken wir sie mit einem Lied, und unser Vater sagt sein neuestes Muttertagsgedicht auf. Auch nach dem Frühstück darf unsere Mutter keinen Finger rühren. Sie tut es aber meistens doch, weil sie es nicht gewohnt ist, untätig herumzusitzen.

Ich merke allerdings noch nichts davon, daß sich heute alles um mich drehen soll. Unsere Mutter und Hanna schlafen, und aus dem Wohnzimmer, wo unser Vater auf der Couch liegt, höre ich keinen Laut. Um mir die Zeit zu vertreiben, versuche ich, Hannas Elefantenspiel zu spielen. Aber so sehr ich auch mit den Daumen wackle – aus meinen Händen werden keine Elefanten. Darüber muß ich eingeschlafen sein, denn plötzlich ist das Bett unserer

Mutter leer. Und durch die Vorhänge kommt helles Tageslicht.

Hanna schläft immer noch. Ich gehe auf Zehenspitzen zu ihrem Bett. Wenn sie schläft, sieht sie erst recht wie ein Engel aus. Am liebsten würde ich jetzt ein Foto von ihr machen, als Titelbild für mein Engelbuch. Aber unser Vater erlaubt uns nicht, seine Kamera zu benutzen. Sie hat schon unserem Großvater gehört und ist viel Geld wert.

Außerdem sollen die Fotos, die man mit dem Herzen macht, die besten sein, sagt Herr Findling.

Beim Anblick von Hannas blonden Locken auf dem weißen Kopfkissen, ihren vom Schlaf geröteten Wangen und den langen, seidigen Wimpern habe ich jedenfalls das Gefühl, daß mein Herz ein paarmal »klick« macht!

»Wollen wir Wolfgang jetzt wecken?« höre ich da aus dem Wohnzimmer die Stimme unseres Vaters. Ich zucke zusammen. Einen Moment lang hatte ich völlig vergessen, daß ich Geburtstag habe!

»Ich gehe und wecke ihn«, kündigt unsere Mutter an.

Schnell laufe ich zu meinem Bett und ziehe mir die Decke über den Kopf. Dann warte ich mit Herzklopfen, daß unsere Mutter kommt und mich wachkitzelt, wie sie es schon des öfteren an meinem Geburtstag getan hat.

Und wirklich greifen jetzt Hände unter die

Decke. Aber es sind ganz kleine Hände, und sie kitzeln auch nicht, sondern kneifen und zwicken.

»Au!« protestiere ich und stoße die Decke weg.

Natürlich ist es nicht unsere Mutter, die neben meinem Bett steht. Es ist Hanna. Und mit ihrem schelmischen Lächeln sieht sie nicht mehr besonders engelhaft aus.

»Schlangläfer!« sagt sie und gibt mir einen Kuß. »Wie kannst du bloß deinen Geburtstag verschlafen?«

»Du bist die Langschläferin«, entgegne ich.

»Nein, du.« Sie läuft zu ihrem Bett und kommt mit einer in Geschenkpapier eingewickelten Schachtel zurück. »Hier, für dich.«

»Danke«, sage ich verlegen.

»Bedank dich erst, wenn du reingeguckt hast«, erwidert sie.

Vorsichtig öffne ich die Schachtel. Sie enthält zwei kleine Elefanten aus Glas, aus durchsichtigem blauen Glas.

»Gefallen sie dir?« fragt sie.

Ich nicke. »Ja! Sie sind wunderschön.«

»Wenn du sie in die Hand nimmst, können sie fliegen«, erklärt Hanna.

»Ich lasse sie aber lieber in der Schachtel«, antworte ich. »Sonst gehen sie noch kaputt.«

»Angsthase!« Hanna kitzelt mich an den Fußsohlen, und ich lache laut auf.

In diesem Augenblick wird die Tür geöffnet, und unsere Mutter tritt ein. »Wolfgang ist schon wach?« fragt sie.

»Ja. Aber ich mußte ihn wachkneifen«, sagt Hanna. »Er hat geschlafen wie ein Turmelmier.«

»Na, dann …« Mit einem eigenartig starren Lächeln gibt sie mir die Hand. »Herzlichen Glückwunsch zum Geburtstag.«

»Danke«, antworte ich und warte darauf, daß sie sich zu mir setzt und mich in den Arm nimmt. Aber sie sagt nur: »Wenn ihr mit euren Albernheiten fertig seid, könnt ihr zum Frühstück kommen«, und schlägt die Tür hinter sich zu.

Verblüfft frage ich Hanna: »Weißt du, was mit Mutti ist?«

Sie schüttelt den Kopf. »Mutti ist ein Eisberg mitten im Eismeer! Und von den Eisbergen weiß man auch nicht viel, weil der größte Teil unter Wasser ist.«

»Mutti ist kein Eisberg«, widerspreche ich.

»Ist sie doch.«

»Nein!« Ich habe auf einmal eine ganz heisere Stimme. »Ein Eisberg besteht überall aus Eis, auch in dem Teil, den man nicht sieht. Aber bei Mutti ist unter der Eisschicht noch etwas anderes.«

»Und was?« will Hanna wissen.

»Aber das sollst du doch herausfinden!« sage ich. »Deshalb hat Gott dich ja zu uns geschickt.«

»Du meinst, als Eisbrecher?«

»Ja!«

»Als Eisbrecher …« Hanna kichert. »Wo ich doch so gern Eis esse! Glaubst du, wir kriegen heute Eis? Immerhin hast du Geburtstag.«

»Ja, bestimmt.«

»Auch schon zum Frühstück?«

»Nein. Das kann ich mir nicht vorstellen.«

Ich soll recht behalten. Es gibt Kuchen und Kekse, aber kein Eis. Dafür ist die Stimmung eisig, trotz der Glückwünsche und Geschenke. Sogar unser Vater macht ein Gesicht wie Norwegen. Den Grund für die schlechte Stimmung erfahren wir erst nach dem Frühstück, als unsere Eltern in der Küche das Geschirr abwaschen und Hanna und ich im Flur mit meinen beiden neuen Matchbox-Autos spielen.

»Glaub nicht, daß ich mir das gefallen lasse!« sagt unsere Mutter drohend. Wahrscheinlich denkt sie, daß Hanna und ich zu weit weg sind, um etwas zu verstehen. Aber wir hören jedes Wort.

»Die Beziehung ist doch nur geistig«, antwortet unser Vater.

»Geistig?« Unsere Mutter lacht spöttisch. »Du meinst wohl, ich lebe hinter dem Mond!«

»Nein. Aber es sind doch nur harmlose Briefe.«

»Harmlos?« Wir hören Papier rascheln, dann liest unsere Mutter vor: »Hier, mit dem Datum von gestern: Meine geliebte Brigitte! Ich sitze in meinem roten Sessel und denke an dich, mit dem ganzen Feuer meiner Liebe.«

Unser Vater hüstelt.

»Und dies hier, geschrieben am Mittwoch«, fährt unsere Mutter fort. »Meine über alles geliebte Brigitte! Der Himmel ist heute so blau und so tief wie deine traumschönen Augen, in die man eintauchen möchte, um sich auf ihrem dunklen Grund für immer zu verlieren. – Das nennst du harmlos?«

»Nein.« Unser Vater räuspert sich. »Aber wie du siehst, habe ich sie nicht abgeschickt.«

»So? Davon bin ich keineswegs überzeugt!«

»Und warum nicht?«

»Weil ich dich kenne. Du schreibst immer alles vor. Bestimmt sind das hier nur die Entwürfe, und die richtigen Briefe sind längst bei deiner Brigitte angekommen!«

»Nein. Es gibt keine anderen Briefe. Das mußt du mir glauben.«

»Glauben? *Dir?*« Unsere Mutter lacht höhnisch. »Wenn ich nicht heute morgen den Wein aus dem Keller geholt hätte, wüßte ich noch immer nicht, daß du ein Verhältnis hast mit dieser … dieser Brigitte.«

»Wir haben kein Verhältnis«, widerspricht unser Vater.

»Und ich dachte, du würdest im Keller sitzen und etwas Nützliches mit deiner Zeit anstellen!« Unsere Mutter seufzt laut. »Wie lange wolltest du mich eigentlich noch hintergehen?«

»Ich wollte dich überhaupt nicht hintergehen. Und es ist wirklich nichts mit Brigitte und mir. Nur eine alte Erinnerung.«

»Alten Erinnerungen schreibt man keine Liebesbriefe!«

»Es sind eigentlich gar keine Briefe«, antwortet unser Vater. »Eher Gedichte.« Er hustet.

»Und jetzt kriegst du wieder einen Asthmaanfall, wie?« sagt unsere Mutter. »Jedesmal, wenn es für dich unangenehm wird, flüchtest du dich in dein Asthma. Genau wie deine Mutter! Die hat es dir vorgelebt.«

»Laß bitte meine ... Mutter aus dem Spiel.«

»Ja, das könnte dir so passen! Soll ich dir mal verraten, was Dr. Bienstein von dir denkt? Daß du ein Muttersöhnchen warst, bist und immer sein wirst! Ein verzärteltes, lebensuntüchtiges Muttersöhnchen!«

»Liesel, nicht!« wehrt unser Vater ab. »Die Kinder ...«

»Die Kinder sollen ruhig erfahren, was für einen Vater sie haben!«

Für einen Moment ist es still, unheimlich still. Dann wird das Radio eingeschaltet, und Schlagermusik erklingt. Dazwischen hören wir die Stimmen unserer Eltern, aber nun können wir nichts mehr verstehen.

Hanna und ich sehen uns an.

»Kennst du eine Brigitte?« fragt Hanna flüsternd.

»Nein«, antworte ich, ebenfalls flüsternd. »Aber ich weiß, daß sie Vatis Jugendliebe war.«

»Glaubst du, daß Brigitte Vati liebhat, richtig liebhat?«

Ich schüttle den Kopf.

»Und warum nicht?«

»Weil …« Ich suche nach einer Antwort. »Vati hat schließlich uns, seine Familie.«

»Deswegen kann Brigitte ihn doch trotzdem liebhaben«, meint Hanna.

Nach einer Pause flüstert sie: »Vielleicht lassen Mutti und Vati sich jetzt scheiden.«

»Scheiden?« wiederhole ich betroffen.

»Ja. Und danach zieht Vati mit Brigitte zusammen.«

»Vati und Mutti lassen sich niemals scheiden«, antworte ich. »Und das ist auch gut so«, füge ich hinzu.

»Frau Beckmann sagt, ein Ende mit Schrecken ist besser als ein Schrecken ohne Ende«, erklärt Hanna. »Für die Kinder ist es auf jeden Fall besser, wenn ihre Eltern sich nicht dauernd streiten.«

»Unsere Eltern streiten sich doch gar nicht dauernd!«

»Nein. Bei uns ist meistens Eiszeit.«

»Ja, und deshalb bist du zu uns gekommen, als Eisbrecher!«

»Wenn unsere Eltern sich scheiden lassen, gehe ich zu Vati und Brigitte«, sagt Hanna leise.

»Du kennst Brigitte doch gar nicht.«

»Das macht nichts.«

»Außerdem weißt du nicht, ob es bei Vati und Brigitte auf Gegenseitigkeit beruht.«

»Wie ... auf Gegenseitigkeit?«

»Es wäre doch möglich, daß Vati Brigitte liebhat, aber daß Brigitte Vati nicht liebhat«, erkläre ich.

»Nein! Vati schreibt, daß er an sie denkt mit dem ganzen Feuer seiner Liebe. Und falls Brigitte auch einen Eisblock um ihr Herz hat, so wie Mutti, dann kann Vati ihn mit seinem Feuer auftauen!«

»Vati? Das glaube ich nicht«, erwidere ich. »Denk doch mal an Mutti, wie wenig er bei ihr bewirkt hat.«

»Ja, weil Mutti aus ewigem Eis gemacht ist!«

»Ewiges Eis gibt es nicht«, sage ich. »Jeder Eisberg schmilzt irgendwann.«

»Irgendwann ist mir zu spät«, antwortet Hanna. »Und außerdem möchte ich gar kein Eisbrecher mehr sein!«

Sie schluchzt ein paarmal.

»Vorhin hast du gesagt, du magst Eis«, versuche ich, sie aufzumuntern.

»Ja. Zum Essen!«

»Dann werde ich jetzt in die Küche gehen und Eis holen«, kündige ich an.

»Du kriegst bestimmt keins«, antwortet sie.

Aber unsere Mutter ist durch mein plötzliches Auftauchen in der Küche so überrascht, daß sie mir ohne jede Diskussion zwei Becher mit Schokoladeneis gibt.

Anschließend sagt sie: »Warum geht ihr nicht vor die Tür und eßt da euer Eis? Vati und ich müssen noch etwas Wichtiges besprechen.« – »Es geht um deine Geburtstagsfeier«, fügt sie hinzu, als ich mich nicht von der Stelle rühre.

Aber ich finde es nicht sehr schön, an meinem Geburtstag vor die Tür geschickt zu werden! Und außerdem weiß ich, worüber unsere Eltern in Wirklichkeit sprechen wollen: über Brigitte.

»Und wann sollen wir wiederkommen?« frage ich.

Sie blickt auf die Küchenuhr. »Um eins, zum Mittagessen.«

Im Treppenhaus schlägt Hanna vor, Frau Beckmann zu besuchen.

»Und was wird Herr Beckmann dazu sagen?« frage ich.

»Nichts. Er ist bestimmt wieder mit seinem Handballverein unterwegs.«

»Ach so.« Eigentlich gehe ich nicht in fremde Wohnungen, weil es ein schlechtes Licht auf die eigenen Eltern wirft. Aber heute, an meinem Geburtstag, kann ich ruhig eine Ausnahme machen, denke ich.

Frau Beckmann stellt auch gar keine peinlichen Fragen. Sie gibt uns Kekse und Saft, und dann spielen wir Mensch-ärgere-dich-nicht, Fang-den-Hut und Flohhüpfen.

Anschließend will sie uns ein Märchen vorlesen. »Welches ist dein Lieblingsmärchen?« fragt sie mich. »Als Geburtstagskind darfst du dir eins aussuchen.«

»Mein Lieblingsmärchen?« Ich zögere. »Froschkönig!«

»Und weshalb?«

»Ich finde es toll, wenn am Schluß beim Getreuen Heinrich die eisernen Bande zerspringen, die er um sein Herz gelegt hatte, als der Königssohn in einen Frosch verwandelt wurde.«

Frau Beckmann nickt. »Ja, das hat mir auch immer gut gefallen, wenn es heißt: *Heinrich, der Wagen bricht! Nein, Herr, der Wagen nicht, es ist das Band von meinem Herzen, das da lag in großen Schmerzen.*«

»Mein Lieblingsmärchen ist das mit den Schwefelhölzern«, ruft Hanna.

»Aber du hast heute nicht Geburtstag«, erwidert Frau Beckmann. Hanna macht einen Schmollmund.

»Sie können ruhig das Märchen mit den Schwefelhölzern vorlesen«, sage ich zu Frau Beckmann. »Es ist mein zweites Lieblingsmärchen.«

Dabei mag ich die Geschichte gar nicht, weil sie so traurig ist.

»Na gut«, sagt Frau Beckmann.

Sie schlägt ihr Märchenbuch auf und fängt an vorzulesen:

»In dichten Flocken fiel der Schnee vom Himmel, der Abend dämmerte schon stark, und auf den Straßen war es grimmig kalt. Die Leute, die noch unterwegs waren, eilten, nach Hause zu kommen; denn es war Silvester, der letzte Tag des Jahres, den man gern daheim oder mit einigen guten Freunden zu feiern pflegt. In dieser Kälte lief auf der Straße ein armes kleines Mädchen mit bloßem Kopfe und nackten Füßen umher ...«

Ich sehe Hanna an.

Sie muß das Märchen schon sehr oft gehört haben, denn sie bewegt ihre Lippen, als würde sie jedes Wort mitsprechen:

»In ihrem Schürzchen trug das Mädchen eine Menge Schwefelholzpäckchen, und ein Päckchen hielt es in der Hand. Ach, so weit es schon den ganzen Tag herumgelaufen war, niemand hatte ihm etwas abgekauft, niemand ihm etwas geschenkt. Zu essen hatte es auch nichts bekommen, und in seinem dünnen Röckchen fror es jämmerlich.«

Als Frau Beckmann vorliest: »und zu Hause war es ja gerade so kalt wie hier«, nickt Hanna. Dann flüstert sie: »Wie wär's, wenn du ein Schwefelhölzchen anzündetest?«

»Du kennst wirklich das ganze Märchen auswendig, nicht wahr?« sagt Frau Beckmann und lacht.

»Weiterlesen!« bittet Hanna.

»Sie zündete ein neues Schwefelhölzchen an; auch dieses flackerte lustig, und der Kleinen war's, als ob bei seinem Schein die Mauer, auf die das Licht des Hölzchens fiel, auseinanderwiche und sie gerade in die Stube hineinsehen könnte, wo auf einem blendend weiß gedeckten Tische, mit dem herrlichsten Porzellan darauf, eine gebratene Gans in der Schüssel lag, mit Gabel und Messer im Rücken. Und jetzt, wie wunderbar! sprang mit einem Male die Gans aus der Schüssel und watschelte über den Stubenboden zur Tür hinaus, die Treppe hinab, gerade durch das Haustor auf das arme Mädchen los. Da erlosch das Schwefelholz, und nichts war zu sehen als die kahle dicke Mauer.

Wieder griff die Kleine nach ihrem Bund; ritsch, brannte ein neues. Oh, wie schön, wie herrlich! Unter dem schönsten, prächtig geputzten Weihnachtsbaum, der unvergleichlich schöner und größer war als der, den sie am Heiligen Abend bei dem reichen Kaufmann durch die Glastüre gesehen hatte, stand sie jetzt, und viele Tausende von Lichtern brannten auf den grünen Zweigen, und Bilderbücher gab's und Bleisoldaten und Puppen; das Kind streckte beide Arme danach aus, da erlosch das

Schwefelholz. Nun erst merkte die Kleine, daß, was sie für Lichter gehalten –«

»– die Sterne am Himmelszelt gewesen waren!« flüstert Hanna.

»– die in ihrer Herrlichkeit und Majestät heraufgezogen kamen«, liest Frau Beckmann weiter vor. »Plötzlich schoß einer vom Himmel herab und zog einen langen Feuerstreifen nach sich. ›Jetzt stirbt jemand‹, sagte das Mädchen leise erschauernd; es fiel ihm ein, daß seine alte Großmutter, die das Kind immer so gern gehabt hatte, die nun aber auch schon längst tot war, einmal gesagt hatte: ›Wenn ein Stern fällt, steigt eine Seele zu Gott empor!‹ Nochmals strich die Kleine ein Schwefelholz gegen die Mauer; das flackerte hell auf, und in seinem Schein war's dem Mädchen nicht anders, als stünde die alte Großmutter hell erleuchtet, wie immer mild und freundlich lächelnd, vor ihm da.

›Großmutter!‹ rief die Kleine. ›Oh, nimm mich mit dir! Ich weiß, auch du verschwindest, wenn mein Schwefelhölzchen ausgeht; du verschwindest, wie der große warme Ofen verschwunden ist und der herrliche Gänsebraten und der lichterstrahlende Weihnachtsbaum!‹ Rasch zündete sie alle Zündhölzer an, die noch in dem Päckchen gewesen waren, um das Bild der Großmutter festzuhalten, lichterloh brannten die Hölzchen. Wie schön doch Großmutter war und wie groß! So hatte sie nie im Leben ausgesehen, und jetzt beugte sie sich herab, nahm das klei-

ne Mädchen in ihre Arme und schwebte mit dem Kinde empor, dahin, wo man nicht mehr hungert und friert, wo keine Kälte, Hunger und Angst mehr Gewalt über die Menschen haben – hinauf zu Gott.

Im Winkel aber saß in der kalten Morgenstunde das kleine Mädchen; seine Wangen waren noch gerötet, ein Lächeln schwebte um seinen Mund, aber das Mädchen war tot – erfroren am letzten Tage des alten Jahres. Der Neujahrsmorgen stieg über der kleinen Leiche auf, die noch ihre Schwefelhölzchen, von denen ein Päckchen beinahe verbrannt war, fest in den Händen hielt. ›Sie hat sich wärmen wollen‹, sagten die Leute. Ja – aber davon wußten die Leute nichts, wieviel Schönes und Herrliches das kleine Mädchen in jener Nacht gesehen hatte, und in welchem Glanze es mit der alten Großmutter zur Neujahrsfreude eingegangen war.«

Ich habe einen Kloß im Hals, aber Hanna lächelt.

»Jetzt muß das kleine Mädchen nie mehr frieren«, sagt sie. »Beim lieben Gott ist es wärmer als hunderttausend brennende Schwefelhölzer. Und das Mädchen muß auch nie wieder im Dunkeln Angst haben. Der liebe Gott ist nämlich wie eine Blühgirne, nur viel heller und wärmer!«

»Du meinst, wie eine Glühbirne«, verbessere ich.

»Ja«, sagt sie. »Wie eine riesengroße Blühgirne.«

»Das muß wunderbar sein!« bemerkt Frau Beckmann.

»Nicht wahr?« sagt Hanna.

Ich sehe auf die Uhr über dem Sofa und bekomme einen Schreck.

»Gleich eins! Um eins müssen wir zu Hause sein, zum Mittagessen.«

»Mittagessen, an deinem Geburtstag?« wundert sich Frau Beckmann. »Wenn ich als Kind Geburtstag hatte, gab es nie richtiges Essen, nur Kuchen und Eis.«

»Eis hatten wir schon«, sage ich. »Komm, wir gehen!« fordere ich Hanna auf.

»Ich will aber nicht!« erwidert sie.

»Soll ich eure Mutter anrufen und fragen, ob ihr noch ein bißchen hierbleiben dürft?« schlägt Frau Beckmann vor.

»Nein«, wehre ich ab.

»O ja!« ruft Hanna.

»Das wird Mutti aber nicht gefallen«, warne ich sie.

»Ach so. Eure Mutter kocht wahrscheinlich etwas Leckeres zu deinem Geburtstag?« fragt Frau Beckmann.

»Äh – ja«, sage ich.

»Was ist denn dein Lieblingsessen?«

»Hähnchen.«

»Dann gibt es bestimmt Hähnchen«, meint Frau Beckmann.

»Bestimmt nicht!« antwortet Hanna.

»Magst du etwa kein Hähnchen?«

»Doch. Aber es gibt bestimmt Suppe aus der Dose.«

»An Wolfgangs Geburtstag?« sagt Frau Beckmann ungläubig.

Es gibt wirklich Suppe aus der Dose, obendrein Blumenkohlsuppe, die ich am allerwenigsten mag. Aber ich esse die Suppe und nehme mir sogar noch einmal nach, um die Stimmung nicht zu verderben. Dabei kann die Stimmung eigentlich gar nicht mehr viel schlechter werden.

»Nordpol«, flüstert mir Hanna zu.

»Nein, Kanada«, widerspreche ich, denn immerhin ist unsere Mutter nicht völlig verstummt. Sie sagt: »Guten Appetit« und »Möchte noch jemand?« und »Iß, Hanna«.

Nur mit unserem Vater spricht sie nicht. Ein paarmal richtet er das Wort an sie, aber sie behandelt ihn wie Luft.

Sie ißt auch kaum etwas, und schon bald zieht sie sich mit Kopfschmerzen ins Schlafzimmer zurück. Hanna muß wieder sitzen bleiben, bis sie ihren Teller leergegessen hat, unter den wachsamen Augen unseres Vaters. Er haßt es, wenn Essen weggeworfen wird; »vernichtet«, wie er das nennt.

Nachdem Hanna eine halbe Stunde vor ihrem Teller gesessen hat, opfert unser Vater sich und ißt die Suppe. Für ihn scheint es aber gar kein Opfer zu sein. Er schwärmt, daß die Suppe kalt erst richtig gut schmeckt.

Anschließend bleibt Hanna und mir kaum noch Zeit, den Geburtstagstisch zu decken. Ich habe gerade auf jeden Teller eine Serviette gelegt, da klingelt es schon.

»Das sind sie!« ruft Hanna.

»Psst! Nicht so laut«, warnt unser Vater.

Aber da wird die Schlafzimmertür geöffnet, und unsere Mutter erscheint.

»Liesel!« sagt unser Vater erschrocken. »Haben wir dich gestört? Ist es nicht besser, wenn du liegen bleibst?«

Doch sie beachtet ihn gar nicht. »Willst du deine Freunde nicht hereinlassen?« sagt sie zu mir.

»D-doch«, stottere ich. Eigentlich hatte ich erwartet, daß sie den ganzen Nachmittag im Bett bleiben würde und daß wir meinen Geburtstag ohne sie feiern müßten.

Es klingelt wieder.

»Nun geh schon!« sagt sie.

»Was ist denn mit dir los?« fragt Hartmut, als ich die Tür öffne.

»Nichts«, behaupte ich.

»Du machst ein Gesicht wie sieben Tage Regenwetter!«

»Ich?«

»Krach mit deinen Alten, wie?« Manfred grinst.

Ich weiß nicht, was mich mehr ärgert: sein vertrauliches Grinsen oder der Ausdruck »deine Alten«. Jedenfalls widerspreche ich heftig: »Nein! Meine Eltern haben nichts damit zu tun.«

»Ach so, dann war es bestimmt deine Schwester«, meint Hartmut. »Diese kleine Nervensäge!«

»Ja, genau«, antworte ich – erleichtert, daß unsere Eltern aus dem Spiel sind.

»Und was hat sie angestellt, deine kleine Schwester?« fragt Manfred neugierig.

»Angestellt hat sie nichts. Aber ihr wißt ja, wie vorlaut sie immer ist. Und deshalb hab ich Angst, daß sie uns die Geburtstagsfeier ruiniert.«

»Was soll ich?« ruft da Hanna. Sie steht plötzlich neben mir. »Die Geburtstagsfeier ruinieren?«

Ich würde ihr gern sagen, daß es nur eine Notlüge war, weil ich nicht wollte, daß Hartmut und Manfred etwas von den Eheproblemen unserer Eltern erfahren. Aber dafür ist es nun zu spät.

»Wolfgang hat recht«, sagt Hartmut. »Du bist das vorlauteste und frechste kleine Mädchen, das mir je begegnet ist.«

»Bin ich nicht!«

»O doch! Nennst du mich etwa nicht Lange Latte?«

»Und mich Palme-auf-dem-Kopf«, ergänzt Manfred. »Nur die allerfrechsten kleinen Mädchen denken sich solche Namen aus.«

»Die Namen hab ich mir ausgedacht, weil ich

euch mochte«, erwidert Hanna. »Aber jetzt mag ich euch kein bißchen mehr! Und dich auch nicht!« faucht sie mich an.

Manfred verkneift sich ein Lachen. »Welchen Spitznamen hat Wolfgang eigentlich?« fragt er. »Igel-auf-der-Birne? Oder Trampeltier-im-Salat?«

»Verräter«, antwortet Hanna. »Verräter und Lügner!«

»Hanna –« sage ich.

Unsere Mutter kommt in den Flur. Sie hat ihr dunkelblaues Kostüm angezogen, die weiße Bluse mit der Perlenkette und die hochhackigen Schuhe, die sie sich für den Klassenabend gekauft hat. Ich bin überrascht und natürlich auch ein bißchen stolz, daß sie sich für meine Geburtstagsfeier so feingemacht hat. Hartmut und Manfred sind sichtlich verlegen und eingeschüchtert.

»Ich hoffe, ihr habt gute Laune mitgebracht«, sagt sie.

Hartmut räuspert sich. »Ja.«

»Das klingt aber gar nicht so. Ihr hattet doch nicht etwa Streit mit Wolfgang?«

»Nein, nein«, versichert Manfred.

»Aber mit mir!« sagt Hanna.

Die Miene unserer Mutter verfinstert sich. »Hast du die großen Jungs wieder geärgert?«

Hanna schüttelt den Kopf. »Nein. Aber sie haben *mich* geärgert!«

»Haben wir nicht«, widerspreche ich.

»Doch, habt ihr!«

Unsere Mutter gibt einen Seufzer von sich. Mit einer Kopfbewegung deutet sie auf das Badezimmer. »Es wird wohl das beste sein, wenn du gleich da drinnen Platz nimmst, Fräulein Naseweis. Bevor du deinem Bruder den ganzen Geburtstag verdirbst.«

Hanna preßt die Lippen zusammen und rührt sich nicht.

»Was ist?« fährt unsere Mutter sie an. »Hast du mich nicht verstanden?«

»Du hast nicht gesagt, daß ich reingehen *muß*.«

»Dann sage ich es jetzt. Na los!«

Hanna verschwindet im dunklen Badezimmer. Unsere Mutter schließt hinter ihr ab.

»Meine Schwester ist auch immer so schnell beleidigt«, sagt Manfred.

»Ich bin nicht beleidigt«, erwidert Hanna mit dumpfer Stimme.

»Nicht? Was bist du dann?« will Hartmut wissen.

»Weit weg«, antwortet sie.

»Im Land der beleidigten Leberwürste, wie?«

»Ich bin nicht im Würstchenland«, faucht Hanna. »Ich bin im Himmel, bei meiner Puppe Petrea.«

»Und da kannst du auch gerne bleiben«, sagt unsere Mutter ungerührt. »Ich glaube allerdings nicht, daß sie im Himmel so leckeren Kuchen haben wie wir. Und den werden wir jetzt ohne dich aufessen!«

Mit klappernden Absätzen entfernt sie sich.

»Wahrscheinlich ist Hanna im Leberwurst-Himmel«, meint Manfred grinsend.

Und Hartmut ergänzt: »Bei ihr hängt der Himmel nicht voller Geigen, sondern voller Leberwürste.«

»Wir sollten jetzt ins Wohnzimmer gehen«, sage ich. »Bevor der Kakao kalt wird.«

Nach dem Kuchenessen schlägt unsere Mutter vor, daß wir zuerst den Wasserturm besteigen und anschließend in unserer Wohnung die Wettspiele machen.

»Ach, du kommst mit, Liesel?« freut sich unser Vater.

»Nein«, entgegnet sie. »Einer muß schließlich den Abwasch machen.«

»Aber wir können doch alle gemeinsam abwaschen«, antwortet unser Vater. »Oder wir beide waschen ab, und die Kinder gehen voraus.«

»Du willst die Kinder allein zum Wasserturm schicken – durch den Wald?«

»Nein. Aber ich möchte dich nicht mit dem schmutzigen Geschirr sitzenlassen.«

»Das bin ich gewohnt!«

»Und wenn wir später abwaschen?«

»Nein, dann ist alles festgeklebt. Außerdem muß ich noch aufräumen, für die Spiele nachher.«

Schließlich gehen wir ohne unsere Mutter los, aber mit Hanna.

Auf dem Weg zum Wasserturm spielen Hartmut und Manfred mit dem Ball, den sie mir zum Geburtstag geschenkt haben. Ich mache nicht mit, weil ich die Tüte mit dem Buntpapier trage, aus dem wir Schwalben basteln wollen.

Hanna und unser Vater gehen ein paar Schritte hinter mir. Wenn ich mir Mühe gebe, kann ich verstehen, was sie sprechen.

»Hast du jetzt Hummeln im Bauch?« höre ich Hanna fragen.

»Was soll ich im Bauch haben?« fragt unser Vater zurück.

»Hummeln! Annette sagt, wenn man ganz doll verliebt ist, hat man Hummeln im Bauch.«

»Den Ausdruck hab ich noch nie gehört.«

»Aber du hast Hummeln im Bauch, stimmt's?«

»Nein! Wer bringt dich bloß auf solche Gedanken? Etwa auch diese Annette?«

»Annette nicht.« Hanna kichert. »Aber ... Brigitte!«

»Welche Brigitte?«

»Deine Brigitte. Die, der du die Liebesbriefe geschrieben hast.«

»Ich habe keine Liebesbriefe geschrieben«, behauptet unser Vater. »Und falls doch, ist es meine Privatangelegenheit.«

Es dauert eine Weile, bis Hanna antwortet. »Dann stimmt es also, was Wolfgang gesagt hat: Du hast Brigitte lieb, aber Brigitte hat dich nicht lieb!«

»Ich weiß nicht, warum sich ausgerechnet Wolfgang den Kopf darüber zerbricht!«

»Hat Brigitte dich denn lieb?«

»Davon verstehst du nichts«, antwortet unser Vater mit heiserer Stimme.

»Doch!« sagt Hanna. »Vom Liebhaben verstehe ich sogar sehr viel!«

Unser Vater räuspert sich. »Aber die Erwachsenen haben sich anders lieb als … als die Kinder.«

»Wie anders?«

»Wenn die Erwachsenen jemanden liebhaben, der auch erwachsen ist, dann … dann heiraten sie sich.«

»Wußte ich's doch!« meint Hanna. »Ihr laßt euch scheiden, du und Mutti!«

»Wie kommst du denn darauf?«

»Ihr müßt euch scheiden lassen, damit du Brigitte heiraten kannst!«

»Ich will sie überhaupt nicht heiraten«, widerspricht unser Vater. »Ich bin ja schon verheiratet.« – »Glücklich verheiratet«, fügt er hinzu.

»Eben hast du aber gesagt, daß die Erwachsenen sich heiraten, wenn sie sich liebhaben. Und du hast Brigitte lieb, oder?«

»Das geht dich wirklich nichts an.«

»Doch, es geht mich etwas an. Weil ich nämlich bei dir bleiben möchte, bei dir und Brigitte, wenn du dich von Mutti scheiden läßt!«

Mir bleibt vor Schreck fast das Herz stehen. Und

auch unserem Vater verschlägt es für einen Moment die Sprache.

»Und du glaubst, Brigitte würde sich mit einem ungezogenen Mädchen wie dir abgeben?« fragt er dann.

»Ich bin nicht ungezogen«, entgegnet Hanna.

»So? Ist es etwa nicht ungezogen, seine Eltern zu belauschen? Und undankbar bist du obendrein. Oder hast du dich schon ein einziges Mal bei Mutti für all das Gute und Schöne bedankt, das sie jeden Tag für uns tut?«

»Nein.«

»Na, siehst du!« Unser Vater schnauft, als würde er gleich einen Asthmaanfall bekommen. »Sei froh, daß Mutti immer auf deiner Seite steht. Nicht alle Mütter sind so geduldig. Brigitte wäre es mit Sicherheit nicht.«

»Hat Brigitte auch einen Eisblock um ihr Herz wie Mutti?« fragt Hanna.

»Einen Eisblock?« wiederholt unser Vater.

»Ja. Wenn sie einen hat, kann ich ihn bestimmt auftauen!«

»Jetzt reicht es aber!« Unser Vater atmet ein paarmal keuchend. »Mutti hat wirklich recht, wenn sie sagt, daß es mit dir nicht zum Aushalten ist!«

»Mit Mutti ist es erst recht nicht zum Aushalten!« antwortet Hanna. »Und wenn ich erst mal wieder im Himmel bin, werde ich den lieben Gott fragen, warum er mir keine leichtere Aufgabe gegeben hat.«

»Im Himmel?« Unser Vater lacht hämisch. »Weißt du nicht, wohin undankbare kleine Mädchen kommen, die schlecht über ihre Mutter sprechen? In die Hölle!«

»Davor hab ich keine Angst«, erwidert Hanna.

»So? Und warum nicht?«

»Weil es überhaupt keine Hölle gibt! Jedenfalls nicht beim lieben Gott. Die Hölle bereiten sich nur die Menschen gegenseitig.«

»Und das läßt er zu, dein angeblich so lieber Gott?«

»Nein, läßt er nicht. Er versucht, den Menschen zu helfen. Deshalb schickt er ja seine kleinen Engel in die Familien.«

»Etwa solche selbsternannten kleinen Engel wie dich?« höhnt unser Vater. »Und nun bist du auch noch beleidigt«, schimpft er, als Hanna nichts sagt. »Wenn man dir mal vorsichtig die Wahrheit sagen will, bist du gleich beleidigt.«

»Bin ich nicht!« antwortet sie.

»Bist du doch. Aber anstatt dich in den Schmoll-winkel zurückzuziehen, solltest du lieber darüber nachdenken, wie aus dir ein wahrer Engel werden kann: ein braves, folgsames Mädchen, das seiner Mutter nur Freude bereitet!«

Hanna scheint tatsächlich nachzudenken. Bis zum Wasserturm spricht sie kein Wort.

Der Wasserturm steht mitten im Wald auf einem Hügel. Als Wasserspeicher ist er allerdings schon lange außer Betrieb. Dafür gibt es im Erdgeschoß jetzt ein Lokal. Im Sommer ist es ein beliebtes Ausflugsziel, weil man im Garten sitzen und Kaffee trinken kann. Und wenn man sich eine Eintrittskarte kauft, darf man die Wendeltreppe hochsteigen, bis zur Aussichtsplattform. Das ist immer eine Art Mutprobe. Im unteren Teil des Turms sind die Stufen noch ziemlich breit, und durch die schmalen Fenster fällt genügend Licht. Aber ungefähr auf halber Höhe muß man durch eine schwere Eisentür gehen, die hinter einem sofort wieder zufällt. Danach gibt es keine Fenster mehr. Es ist so stockdunkel, daß man die Hand nicht vor den Augen sehen kann. Und die Stufen werden enger, je höher man kommt.

»Na, Hanna, Muffensausen?« fragt Manfred grinsend, als wir vor dem Wasserturm stehen.

Ich erwarte, daß Hanna »Nein, ich habe nie Suffenmausen« antwortet. Aber sie nickt und sagt leise: »Ja.«

Wir gehen ins Lokal. Außer der Wirtin, die hinter dem Tresen Zeitung liest, sitzen nur noch zwei ältere Männer in der Gaststube.

Nachdem unser Vater verraten hat, daß ich Geburtstag habe, schenkt mir die Wirtin ein Kaugummi. Aber das Eintrittsgeld für mich muß er trotzdem bezahlen.

»Sie sind heute übrigens die ersten, die auf den Turm wollen«, sagt die Wirtin.

»Tatsächlich?«

»Ja, leider. Wenn die Sonne nicht scheint, bleiben die Leute zu Hause.«

»Aber sie scheint doch«, erwidere ich. »Als wir hergekommen sind, hat die Sonne geschienen.«

»Dann muß sie extra für dich hinter den Wolken hervorgekommen sein«, meint die Wirtin.

»Nein, für mich«, antwortet Hanna.

»Für dich?« Die Wirtin lacht. »Komisch«, sagt sie. »Für mich tut die Sonne das nie. Wahrscheinlich guckt sie lieber in kleine Engelsgesichter wie deins.«

Hanna nickt.

Anschließend beginnt die Turmbesteigung. Manfred und Hartmut sind die ersten auf der Treppe. Danach komme ich, eine Stufe unter mir geht Hanna, und den Schluß bildet unser Vater. Er geht auch deshalb als letzter, weil er des öfteren eine Pause einlegen und tief Luft holen muß.

Schließlich bleibt er stehen, um zu püstern.

Ich will auf ihn warten, aber Hanna faßt mich bei der Hand und flüstert: »Komm!«

»Wir müssen noch auf Vati warten«, antworte ich.

»Nein! Müssen wir nicht!«

»Ich möchte aber warten.«

»Na schön, wenn du nicht mitkommen willst …« sagt Hanna.

Sie läßt meine Hand los und läuft hinter Manfred und Hartmut her. Kurze Zeit später höre ich, wie die Eisentür geöffnet wird und wieder zuschlägt.

»Vati?« frage ich.

»Kümmere dich … nicht um mich«, antwortet er. Ich muß noch ein bißchen … Luft schöpfen.«

»Dann geh ich jetzt zu den anderen.«

»Ja …«

Mit Herzklopfen betrete ich den pechschwarzen Gang.

»Hanna?« rufe ich.

Krachend fällt die schwere Tür ins Schloß. Mir läuft es kalt über den Rücken.

Oben im Turm höre ich Schritte.

»Hanna?« rufe ich noch einmal.

Ein Lichtschein fällt in den Gang. Wahrscheinlich hat Hanna in diesem Augenblick die Tür zur Aussichtsplattform geöffnet. Danach ist es wieder stockfinster. Ich halte mich am Geländer fest und steige langsam Stufe für Stufe nach oben. Endlich habe ich den Ausgang erreicht. Ich drücke die Türklinke herunter und trete auf die Plattform.

Es dauert ein paar Sekunden, bis sich meine Augen an die Helligkeit gewöhnt haben. Dann erkenne ich Hartmut und Manfred, die an der Brüstung stehen.

»Wo ist Hanna?« frage ich.

»Hanna?« antwortet Hartmut. »Soll sie denn hier sein?«

Ich laufe auf die andere Seite der Plattform. Da ist Hanna. Sie steht hoch oben auf der Brüstung.

Hanna, nicht! will ich rufen.

Aber dann … dann sehe ich ihr himmlisches Gefieder! Ja, ich kann wirklich ihre Flügel sehen. Sie sind weiß, an den Spitzen rosa und nicht sehr groß, gerade richtig für Gottes kleinsten Engel.

Und als Hanna sich jetzt in die Luft erhebt und davonschwebt, sehe ich noch etwas: ein leuchtendes, goldenes Licht, von dem sie ganz umhüllt ist.

Und das Sonnenlicht kann es nicht sein, denn die Sonne ist längst wieder hinter den Wolken verschwunden.

Für einen kurzen Moment wünsche ich mir, auch ein Engel zu sein – Hannas Mitengel!

Aber dann wird die Tür zur Aussichtsplattform geöffnet, und ich höre unseren Vater husten.

»Wolfgang? Hanna?« ruft er.

»Hier bin ich«, antworte ich.

»Und Hanna?«

»Hanna?« Ich blicke hinauf zu den Wolken. »Hanna ist wieder beim lieben Gott, wo sie hingehört!«